FGIL

éditions guy binsfeld

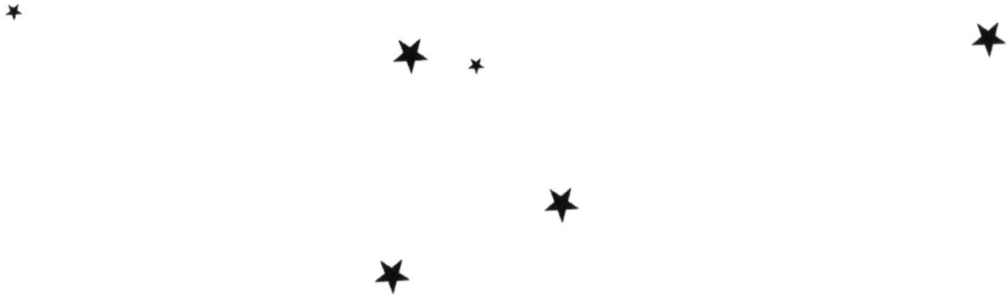

Jhemp Hoscheit

L'IMAGINATION

Éditions Guy Binsfeld

FGIL

Elle s'appelait Marie-Rose. Ses parents n'avaient qu'elle comme enfant. Souvent, quand Marie-Rose disait qu'elle était fille unique*, beaucoup de gens croyaient qu'elle voulait dire qu'elle était ***une*** fille unique*. Mais ce n'était pas ce qu'elle avait voulu dire.

Elle n'était pas unique, dans le sens de « irremplaçable ». Non, elle n'avait rien d'extraordinaire. Elle était une fille ordinaire, avec des intérêts, des goûts et des passions comme beaucoup d'autres filles de son âge. Elle était fille unique de Madame et Monsieur Lorient.

Il y avait pourtant quelque chose qui la rendait différente de la plupart des autres filles uniques, car elle avait une habitude particulière*. Parfois, quand elle se sentait seule, Marie avait besoin de parler à quelqu'un. Quand il

---

* fille unique : *une seule fille (en eenzegt Meedchen)*

* une fille unique : *une fille irremplaçable (en eenzegaartegt, besonnescht Meedchen)*

* particulier(ière) : *spécial(e) (besonnesch)*

n'y avait personne, il y avait Rose qui était toujours présente. Marie parlait avec Rose. Elle se parlait à elle-même. Marie partageait avec Rose toutes ses joies et ses peines.

Ainsi, elle ne se sentait pas si seule. Elle avait quelqu'un à qui elle pouvait parler. Cela ne voulait pas dire qu'elle ne pouvait pas parler à ses parents. Ses parents étaient de bons parents et elle pouvait tout leur dire. Enfin, disons, elle leur disait tout ce qu'elle voulait leur dire, car parfois, elle gardait des choses pour elle.

Parfois, Marie-Rose était fâchée. Par exemple quand elle s'était disputée avec Alain, son meilleur copain, qui était depuis quatre ans son voisin de banc en classe et son voisin tout court. Il habitait à côté de Marie-Rose. Alors elle se consolait* en racontant à Rose les raisons de sa colère. Après, elle n'était plus fâchée.

Les disputes avec Alain étaient très rares. Plus nombreuses étaient les disputes avec les autres élèves de la classe. Il ne s'agissait pas vraiment de disputes, mais plutôt de moqueries. Il y avait des élèves qui se moquaient de Marie-Rose. Elle avait un don* que plusieurs élèves lui

---

* consoler : *soulager dans la douleur (tréischten)*

* un don : *un talent particulier (en Don, en Talent)*

enviaient*. Les autres élèves n'avaient pas ce don. Ils *croyaient* qu'ils ne l'avaient pas. Il s'agissait d'un don duquel Marie-Rose savait profiter. Les autres l'avaient aussi, mais ils ne savaient pas qu'ils pouvaient l'utiliser.

Marie-Rose, en effet, avait beaucoup d'imagination. Cela ne la rendait pas unique, spéciale ou différente des autres. Tout le monde possède de l'imagination. On doit tout simplement s'en servir s'il le faut. Marie-Rose savait profiter de son imagination au bon moment.

À l'âge de huit ans, il y a quatre ans, Marie-Rose rêvait d'un portable. Presque toutes ses copines et tous ses copains d'école en avaient déjà un. Donc elle se disait qu'elle aussi aimerait en avoir un pour ses neuf ans. Elle l'a dit à Rose. En cachette. Elle le lui a dit en chuchotant : « J'aimerais avoir un portable. Je m'imagine que bientôt j'en aurai un. » Et comme par hasard, ses parents lui ont offert un portable pour ses neuf ans.

Un jour, Marie-Rose avait oublié son cahier de français. Malheureusement, l'institutrice, Madame Calon, l'a appelée

---

* envier : *désirer pour soi-même (beneiden, neideg sinn)*

au tableau pour présenter le devoir à domicile et Marie-Rose a dit que son cahier s'était envolé.

– Ah ! Il s'est envolé, ton cahier, s'est écriée Madame Calon.

– Oui, a répondu Marie-Rose.

– Et quand est-ce qu'il reviendra ?

– Demain.

– Tu n'as donc pas écrit ton devoir à domicile. Avoue-le donc !

– Si !

– Alors montre-moi ton cahier avec les vocables que tu devais rechercher dans le dictionnaire ! Vous n'en aviez que dix à relever, si ma mémoire est bonne ? C'est peu, non ?

– Pour être sincère, à la maison, hier soir, j'en ai noté dix. Mais ce matin, sur le chemin de l'école, mon cahier a trouvé que c'était trop peu et il a voulu en noter plus. Il est donc allé à la recherche d'une autre dizaine de mots.

– Et pourquoi, Marie-Rose ? a demandé Madame Calon d'un ton enfantin.

– Pour vous faire plaisir, Madame, a répondu Marie-Rose d'un ton encore plus enfantin*.

---

* enfantin : *qui a le caractère de l'enfance (kannerech)*

L'institutrice était tellement surprise de la remarque – ou plutôt de l'excuse inhabituelle* – de Marie-Rose qu'elle n'était pas capable de la punir pour son oubli. Elle était tellement étonnée qu'elle en est restée bouche bée*. Quelques élèves, qui étaient punis quand ils avaient oublié d'écrire leurs devoirs à domicile, ont trouvé la réaction de l'institutrice injuste. Ils ont pensé qu'elle aurait dû donner une punition à leur camarade de classe. Pendant la récréation, quelques-uns ont osé le lui dire sur un ton méchant. Marie-Rose leur a dit tout simplement que la prochaine fois, ils n'avaient qu'à trouver une excuse aussi originale. Cette remarque n'a fait qu'augmenter la colère de ses camarades.

À partir de ce moment-là, à chaque fois que Marie-Rose inventait des trucs bizarres ou disait des choses inhabituelles, certains élèves se moquaient d'elle. En effet, ils étaient un peu jaloux du don de Marie-Rose de donner libre cours* à son imagination.

---

* inhabituel(le) : *qui n'est pas normal(e) (ongewéinlech, ongewinnt)*

* rester bouche bée : *avoir la bouche ouverte d'étonnement (de Mond bleift engem opstoen)*

* donner libre cours à son imagination : *permettre à son imagination d'inventer des choses (senger Fantasi fräie Laf loossen)*

Déjà à l'âge de neuf ans, Marie-Rose avait découvert qu'elle avait un don de fabulation et qu'elle pouvait inventer des êtres, des animaux et des objets imaginaires*. Bien sûr, ses parents lui avaient lu des histoires qui se jouaient dans un monde fabuleux* : elle connaissait Pégase, le cheval ailé* ; le centaure – cet être moitié homme et moitié cheval –, la licorne – cet animal avec une corne au milieu du front –, les monstres de mer, les lutins*, les démons* des forêts et les fées.

Plus elle lisait des histoires sur des êtres merveilleux, plus elle créait ses propres êtres fabuleux.

Elle s'imaginait un hibou avec un bec en forme de bouchon, qu'elle appelait « hibouchon » ; des grenouilles qui aimaient les pâtes; une chauve-souris très chevelue.

Elle aimait jouer avec les mots et inventait de nouveaux animaux qu'elle appelait ses *animots*. Elle s'imaginait

---

* imaginaire : *qui n'existe que dans l'imagination ; fabuleux (erfonnt, imaginär)*

* fabuleux (se) : *imaginaire, irréel (fantastesch, voller Fantasi)*

* ailé(e) : *avec des ailes (mat Flilleken)*

* le lutin : *petit personnage qui se manifeste la nuit (en Heinzelmännchen)*

* le démon : *le diable (den Däiwel)*

des corbeaux et des corlaids*. Sa taupe* du jardin – Taupinette – aidait les ouvriers à creuser des galeries souterraines. Dans son monde à elle, des téléphants participaient à des castings dans des shows télévisés. Il y avait des zèbres à points ; des chiens-chats ; des coccinelles* avec des étoiles au lieu de points ; des pingouins avec des plumes rouges et jaunes ; des crocodiles avec des queues de souris ; des perroquets qui, en imitant les voix des hommes, avaient le hoquet ; un pigeon qui faisait sortir un magicien d'un chapeau claque ; un hippopotame hyper gros qui voulait maigrir ; un rhinocéros qui, avec sa grande corne, devait attraper des anneaux que lui lançaient des singes ; le cochon, amoureux d'une truie, qui se baignait tous les jours dans de l'eau de rose de la marque Oderose, nouveau parfum très à la mode ; des papillons grands comme des cerfs-volants, des hamsters que leurs propriétaires faisaient courir dans

---

* corlaid : *jeu de mots constitué par l'opposition entre cor-beaux et cor-laids (laid : ce qui n'est pas beau (ellen, grujeleg))*

* la taupe : *petit animal qui vit sous terre et creuse des galeries (de Maulef)*

* la coccinelle : *d'Himmelsdéierchen*

les roues pour les préparer aux Jeux Olympiques des Animaux à Sauterelle au Canada.

Dans son imagination, Marie-Rose se préparait aussi des plats spéciaux : des étoiles de terre mélangées à des pommes de mer préparées avec des poissons sucrés ; des spaghettis avec lesquels elle formait des lettres, puis des mots entiers. En hiver, elle croyait qu'il suffisait d'ajouter un peu de vanille à une boule de neige pour avoir une glace à la vanille. En été, en respirant l'air frais du matin, elle se croyait dans un jardin merveilleux avec des « fraisiers », des arbres portant des fraises. Souvent quand elle voyait un objet, elle en transformait l'utilisation initiale : un stylo qui corrige automatiquement les fautes d'orthographe s'appelle un *stylortho* ; un ordinateur qui sait penser est un *ordisophe**.

Quand elle entendait un bruit, elle plongeait dans un autre univers. Au son de cloche, elle se voyait dans une salle de concert où des musiciens jouaient d'instruments fabuleux, des violons à douze cordes, des saxonettes et

---

* Ce sont des mots-valises. Un mot-valise désigne un mot que l'on s'amuse à fabriquer/combiner à l'aide de parties de mots (exemples : stylortho = stylo + orthographe ; ordisophe = ordinateur + philosophe).

des clariphones, des pianos à mille et une touches, des guitares qui faisaient des sons venus d'ailleurs. Quand elle entendait le bruit de ciseaux, elle croyait se trouver chez une couturière aux doigts magiques. En écoutant l'eau qui coulait dans sa baignoire, elle s'imaginait sous un torrent* dans un pays lointain, ses cheveux en or mouillés et ses vêtements multicolores trempés. Elle ouvrait des portes avec des clefs de sol*.

Marie-Rose aimait donc entrer dans des mondes qui lui étaient jusque-là inconnus. Plus elle grandissait, plus son imagination se développait. Elle en était très étonnée et elle se demandait parfois d'où lui venait ce don.

Élève en deuxième année du cycle 4 de l'école fondamentale, elle a commencé à noter dans un carnet (que sa maman lui avait offert) de petites histoires qu'elle avait inventées. Par exemple, elle s'est imaginé une histoire avec son chat Lodia. La nuit, son chat faisait la rencontre du petit lutin au capuchon rouge que le père de Marie-

---

* le torrent : *de l'eau qui coule à forte pente (de Waasserfall)*

* la clef de sol : *signe qui indique le nom de la note placée sur une ligne de portée : (de Solschlëssel)*

Rose avait placé dans le jardin, à côté des rosiers. Le lutin tenait dans ses bras un lapin. Et Marie-Rose voyait son chat faire des randonnées* de nuit avec le lutin et le lapin. Elle croyait même que les deux chats, qui n'étaient que des figures noires dessinées dans le paillasson* près de la porte dans la cave, prenaient vie et accompagnaient Lodia, le lutin et le lapin lors de leurs aventures nocturnes*.

Parfois, Marie-Rose montrait à Madame Calon les petites histoires qu'elle avait écrites dans son carnet. Elle les lui montrait sans que les autres élèves le voient. Elle ne voulait pas donner l'impression d'être une fille trop appliquée. Elle voulait juste que l'institutrice lui corrige les fautes d'orthographe et de grammaire. Même si Marie-Rose avait une très bonne imagination, elle faisait souvent des fautes.

Un jour, Marie-Rose avait écrit une histoire qui parlait d'un nuage. Il s'agissait d'un petit nuage gris qui était tombé du ciel. En voici le résumé :

---

* la randonnée : *une longue promenade (e laange Fousstuer)*

* le paillasson : *un petit tapis servant à s'essuyer les pieds (Foussteppech)*

* nocturne : *qui a lieu pendant la nuit (an der Nuecht)*

En plein milieu d'une cour d'école pendant la récréation. Les enfants sont en train de jouer quand soudain, ils voient un nuage gris tomber d'en haut. Heureusement, le nuage est très doux. Comme il est très léger – il n'est pas rempli de pluie –, il n'a blessé personne. On ne sait pas quoi faire du nuage. Quelques enfants qui ont un peu d'imagination croient que le nuage pleure. Les autres qui sont plus réalistes disent qu'il ne s'agit pas de larmes, mais de gouttes de pluie. On fait venir les sapeurs-pompiers. Un sapeur-pompier prend le nuage et il monte tout en haut de la grande échelle pour accrocher le nuage dans le ciel. Mais le ciel ne veut plus du nuage. Chaque fois que le sapeur-pompier veut le fixer dans le ciel, le nuage tombe par terre. Les enfants se demandent pourquoi le ciel ne veut plus de lui. Les uns croient que le nuage s'ennuie dans le ciel. Il veut voir ce qui se passe sur la terre. Rencontrer des êtres humains. Voir le ciel d'en bas. Suivre les ombres des ses copains. Les autres élèves pensent que c'est un nuage méchant dont le ciel, qui aime seulement les nuages sages, ne veut plus. Le sapeur-pompier monte*

---

* accrocher : *suspendre, attacher (ophänken)*

à nouveau… et hop ! Le nuage lui glisse des mains et il se retrouve à nouveau au sol. Le sapeur-pompier essaye encore plusieurs fois. Chaque fois, le nuage tombe. Et à chaque fois qu'il tombe par terre, il devient plus petit. À la fin, il ne reste plus rien du nuage. Excepté une toute petite goutte… ou une larme.

L'institutrice a remis la rédaction corrigée à Marie-Rose qui l'a mise sur le banc de classe. Il n'y avait pas trop de fautes.

– C'est une histoire très triste, a dit Madame Calon. Mais elle n'est pas terminée.

– Mais si. Pour moi, l'histoire est terminée.

– Ne pourrais-tu pas ajouter une fin… une fin plus heureuse ? lui a proposé l'institutrice.

– Mais il faut qu'il y ait aussi des histoires tristes, a dit Marie-Rose.

– Est-ce que le nuage ne veut pas retourner auprès de ses copains ? Essaie de trouver un autre moyen pour le raccrocher au ciel.

– Non. Il y a des nuages qui naissent et il y en a qui disparaissent. Le mien a disparu.

– Alors le ciel doit être triste.

– Il lui reste le souvenir du nuage, a dit Marie-Rose.

– En tout cas, a dit l'institutrice, tu as une imagination débordante.

Pendant la récréation, Alain a demandé à Marie-Rose ce que c'était qu'une « imagination débordante ».

– C'est une imagination qui déborde, lui a expliqué Marie-Rose. Quand tu verses trop d'eau dans un verre, celui-ci déborde, c'est-à-dire, l'eau coule par-dessus le bord parce que le verre était trop rempli. Le verre déborde.

– Donc, toi, tu es remplie de trop d'imagination ? lui a demandé Alain. Si tu as trop d'imagination, ne peux-tu pas m'en donner un peu ?

Cette question a fait rire Marie-Rose. Les rédactions d'Alain manquaient d'imagination. Mais quand il faisait du sport, il avait beaucoup d'imagination. Il inventait toujours d'autres activités sportives et de nouvelles règles de jeu. Par exemple le *foot-basket* : il faut marquer des paniers en lançant un ballon avec le pied. Lancer une bille dans un trousseau ouvert à l'aide d'un crayon, c'est le *hockey sur table*. Si on joue au tennis de table, les joueurs ne jouent pas avec des raquettes, mais ils se servent uniquement de leurs mains pour renvoyer la balle. Mais malheureusement, quand Alain écrivait des rédactions en classe, il n'avait plus d'imagination. Quand il avait une idée, il commençait à la développer, mais il ne trouvait plus de suite à son histoire. Cela le mettait toujours en colère.

– Le plus important, a expliqué Marie-Rose, c'est de chercher, d'inventer, d'aller plus loin…

– Mais c'est le plus difficile.

– Tu ne réfléchis pas assez. Il faut que tu réfléchisses plus, a précisé Marie-Rose. Les meilleures idées sont cachées au fond de ton cerveau.

– Mais toi, dans la rédaction sur le nuage, a dit Alain, tu n'es pas allée plus *loin*. Ton histoire n'était pas encore terminée. Je l'ai lue quand tu discutais avec Madame Calon.

– Oui, tu as raison. J'aurais pu continuer. J'aurais pu aller plus loin. Un jour, peut-être, j'inventerai une suite. Ou, au lieu de faire venir les sapeurs-pompiers, j'imaginerai d'autres personnes. Elles viendront aider le nuage. Un jour, si j'en ai envie, j'essaierai de le sauver… On peut *toujours* aller plus loin. Il faut que tu donnes une chance à ton imagination.

– Une chance ? a demandé Alain. Et si on n'a pas d'imagination. Que peut-on faire ?

– Écoute Alain ! Tout le monde a de l'imagination. Toi aussi tu en as. Elle est cachée en toi. Parfois on arrive à la réveiller.

– Tu crois que l'imagination peut dormir ?

– Oui ! Parfois elle n'est pas active. Il faut que tu la réveilles. Parfois il est plus difficile de la réveiller. Cela dépend de…

– De quoi ?

Marie-Rose a commencé à s'énerver.

– De quoi ? Tu veux des explications à tout. C'est à toi de découvrir de quoi cela dépend. Moi je ne suis pas une spécialiste du cerveau. Il y a des jours où tu te sens plus en forme que d'autres. Pas vrai ?

– Surtout pendant les vacances.

– Parfois tu es de bonne humeur*, parfois de mauvaise humeur, a expliqué Marie-Rose. Ta forme, ton humeur et ton envie peuvent varier. L'imagination dépend de tout cela. Aussi de ton caractère et de ta personnalité.

La sonnette a retenti et les deux élèves sont retournés dans la salle de classe. Là, ils n'avaient plus la possibilité de discuter de ce sujet sérieux. Leurs camarades de classe

---

* être de bonne/mauvaise humeur : *être content/mécontent (gutt/schlecht gelaunt sinn)*

se seraient moqués d'eux. En plus, Marie-Rose était contente et soulagée. Elle n'avait plus envie* de donner des explications à Alain. Elle-même ne pouvait pas s'expliquer le mystère de l'imagination, les secrets de la fantaisie. Il fallait être un spécialiste pour pouvoir expliquer comment un cerveau fonctionne.

Marie-Rose et Alain n'ont plus repris leur discussion les jours suivants. La fin du premier trimestre s'est annoncée et il ne restait que quelques jours avant le début des vacances de Noël.

Alain et Marie-Rose pensaient à tout ce qu'ils avaient envie de faire pendant les deux semaines de vacances. Marie-Rose rendrait plus souvent visite à sa grand-mère. Elle lirait deux ou trois livres.

Alain s'est juré de ne *pas* écrire de rédaction. Ah non ! Pas de rédaction pendant les vacances. La première semaine avant la fête de Noël, a-t-il pensé, je vais m'imaginer tous les cadeaux qui pourront se trouver sous le sapin de Noël. Et la deuxième semaine, je vais pouvoir profiter des cadeaux. Espérons que le père Noël m'apportera tout ce que je me serai imaginé.

---

* l'envie : *le désir (d'Loscht)*

La veille de la fête de Noël, Marie-Rose a rendu visite à sa grand-mère, Mamie. Son prénom était Florence. Dans quelques mois, elle fêterait ses quatre-vingt-un ans. Son mari est décédé* il y a cinq ans, à l'âge de soixante-dix-huit ans. Deux ans après la mort de son mari, elle est allée vivre dans une maison de retraite – *Le Parc du 3e Âge* – , non loin du domicile de Marie-Rose. Cela faisait déjà presque trois ans qu'elle y vivait. Elle y était heureuse. Dans sa petite chambre, on avait installé quelques meubles : le fauteuil, des chaises, une commode, la table de salon, la chaise longue* qu'elle aimait tant et dans laquelle elle s'endormait souvent, une vieille armoire, etc. C'étaient les mêmes meubles que dans son ancien salon. On les avait déménagés de la maison où elle avait vécu depuis le mariage avec Georges en 1957, le grand-père de Marie-Rose et le père de sa maman. La chambre de Mamie ressemblait donc à son ancien salon, mais en plus petit. C'était son nouveau chez soi. Aux murs étaient accrochés des photos-souvenirs, trois tableaux, des photos avec les portraits de Georges plus jeune, de

---

* décéder : *mourir (stierwen)*

* la chaise longue : *fauteuil muni d'un appui pour les jambes (Fotell als Ligestull)*

Marie-Rose plus jeune et de ses parents plus jeunes. Sur des étagères étaient placés – ou plutôt exposés – des souvenirs que la grand-mère avait apportés de ses nombreuses vacances passées à l'étranger : sur la Côte belge, sur la Côte d'Azur, à Rome, à Madrid, en Provence, en Normandie, en Bretagne, etc. Il y avait surtout des boules à neige* que Mamie collectionnait.

« Chaque objet, chaque photo, disait-elle, me rappelle un épisode de ma vie. En regardant ces souvenirs, je peux faire un voyage dans le temps. Je peux de nouveau m'imaginer comment c'était à tel ou tel moment de ma vie. »

Mamie avait donc besoin de tous ces souvenirs. Pour elle, les souvenirs étaient des médicaments contre l'oubli.

Marie-Rose allait régulièrement rendre visite à Mamie. Pendant les vacances, elle avait encore plus de temps. Elle voulait profiter de son temps libre pour passer quelques moments agréables avec sa Mamie. Mamie Florence était toujours très contente des visites de Marie-Rose.

---

* la boule à neige : *une boule transparente ; si on la retourne, il se met à neiger à l'intérieur de la boule (Schnéibull)*

Ce jour-là, la veille de la fête de Noël, Mamie était encore plus contente de la visite de Marie-Rose.

– C'est bizarre, a-t-elle dit, à Noël, les personnes qui vivent seules sont encore plus seules que les autres jours.

– Pourquoi ? a demandé Marie-Rose.

– Parce que Noël est une fête de famille. Et si quelqu'un de la famille manque, ce n'est plus la même fête. Tout est différent. On se sent plus seul. On pense à toutes les fêtes de Noël où tout le monde était réuni…

– Mais tu n'es pas seule, Mamie !

– Merci d'être venue, Marie-Rose.

Mamie Florence a donné trois gros bisous à Marie-Rose. Elle lui a servi un jus d'orange. Marie-Rose a admiré le petit sapin de Noël que le personnel avait installé dans la chambre de sa grand-mère.

– Il est joli, non ? a demandé Mamie. Quand je le regarde, cela me rappelle de bons souvenirs… Il y a quelques années, tu m'as aidée à décorer mon sapin de Noël, tu te rappelles ?

– Mais bien sûr, Mamie.

– Chez nous, le sapin était toujours plus grand… et plus beau… et mieux décoré.

Sa grand-mère a poussé un long soupir.

L'imagination aidera ma grand-mère à retrouver tous les beaux souvenirs « accrochés » à ce sapin-là, a pensé Marie-Rose. Même s'il est plus petit que les sapins de Noël qu'elle a décorés dans le passé.

Mamie a changé de sujet.

– Alors, a-t-elle dit, ta maman m'a dit que tu aimes écrire des histoires.

Les joues de Marie-Rose sont devenues plus chaudes.

– Pourquoi rougis-tu ? a demandé Mamie.

– Je ne veux pas qu'elle en parle, a répondu Marie-Rose.

– Mais ce n'est rien de grave…

– Je sais.

Mamie a regardé une photo accrochée au mur.

– Tu vois cette photo ? a demandé Mamie. De son doigt elle a désigné une photo accrochée au mur. On voyait Marie-Rose à la plage. Elle faisait un château de sable avec un seau rouge.

– C'était à Knokke, a dit Marie-Rose.

– Oui, a dit Mamie. Cette année-là, ton grand-père et moi, nous y avons passé une semaine. Nous, on logeait à l'hôtel situé non loin de votre appartement. Je crois que c'étaient les dernières vacances que j'ai passées avec ton grand-père. Je me rappelle que tu fabriquais toujours des fleurs en papier de soie. Tu jouais à la marchande*. À la plage, tu vendais tes fleurs contre des coquillages. Parfois, tu inventais des histoires. Un soir, tes parents étaient allés dîner dans un restaurant très chic et moi j'étais ta baby-sitter. Quand tu étais couchée, j'ai voulu te lire une histoire. Mais toi, tu as dit : « Mamie, c'est moi qui vais te raconter une histoire. Une histoire que j'ai inventée. » Alors, tu m'as raconté l'histoire de l'étoile de mer.

– Oui, je m'en souviens encore, a dit Marie-Rose.

– L'après-midi, à la plage, a continué Mamie, tu avais vu une étoile de mer dans le sable. Et tu nous a dit que c'était une étoile tombée du ciel.

– Sais-tu encore pourquoi elle était tombée ? a demandé Marie-Rose en rigolant. Elle rigolait parce qu'elle se le rappelait très bien. C'était seulement pour voir si la mémoire de Mamie était encore bonne.

– Mais bien sûr. Crois-tu que ma mémoire n'est plus si bonne ?… Je m'en souviens très bien. Moi je t'entends encore raconter… Écoute !… *L'étoile s'ennuie dans le ciel.*

---

* le marchand/la marchande : *celui/celle chez qui on achète des marchandises (den Händler, d'Händlerin)*

Elle voit la mer d'en haut. Elle rêve… Elle veut se baigner dans l'eau de mer comme les enfants. La mer avec les poissons et les vagues lui semble plus intéressante que le ciel. Elle connaît depuis toujours les autres habitants du ciel de nuit : la lune et les autres étoiles. Elle veut faire la connaissance des habitants de la mer. Elle veut vivre d'autres aventures. Et elle se laisse tomber du ciel. Elle est tombée dans l'eau froide. Mais elle a toujours chaud. Elle apprend à nager et elle est devenue une étoile de mer… Ah ! Que c'était drôle. Et moi je t'écoutais… Tiens ! Je ne me rappelle plus la fin. Est-ce que j'ai un trou de mémoire ?

– Tu t'étais endormie, Mamie, a dit Marie-Rose. Mais l'histoire était terminée. C'était déjà la fin.

– Cela m'étonne encore quand j'y pense, a dit Mamie. C'est bizarre ! C'était moi qui devais t'endormir en te racontant une histoire. Et c'est moi qui me suis endormie… Mais tu racontais tellement bien…

Marie-Rose a remarqué que la voix de Mamie était plus triste. Sa grand-mère s'est levée difficilement de sa chaise longue.

– Tu as mal ? a demandé Marie-Rose.

– Non, ça va, a répondu Mamie.

Marie-Rose voyait que sa grand-mère était fatiguée. Il était temps de la quitter.

Elles se sont dit au revoir. Marie-Rose est rentrée, le cœur joyeux.

Les vacances de Noël se sont bien passées. Les cadeaux que le père Noël avait apportés à Marie-Rose étaient les suivants : un *iPod touch*, une montre-bracelet, un CD de Green Day et trois livres.

Pour Alain, il s'est passé quelque chose d'extraordinaire. Il a trouvé le temps d'écrire une rédaction. Oui ! Alain a écrit une rédaction. Jamais, pendant les vacances, il n'avait encore écrit de rédaction. Mais, comme par miracle, il en a écrit une. Non, il ne s'agissait pas d'un miracle. C'était pour faire plaisir à Marie-Rose. Pas vraiment pour lui faire plaisir. Pour lui montrer que lui aussi avait de l'imagination. Il a écrit cette rédaction pendant la première semaine, celle où il s'est imaginé tous les cadeaux qu'il espérait avoir à Noël. Par exemple, Alain s'est imaginé avoir un iPod comme cadeau. En effet, le père Noël lui en a offert un. Donc, Alain s'est dit : « Mon imagination ne s'est pas trompée. Cela veut dire que j'en ai une. » Tout à coup, il a senti une grande envie d'écrire. Et il a commencé à écrire. En plus, il voulait voir si son imagination était aussi « débordante » que celle de Marie-Rose.

Alain a écrit une suite à l'histoire que Marie-Rose avait écrite au sujet du nuage qui était devenu de plus en plus petit.

En résumé, il se passe ceci :

… Il ne reste plus qu'une seule goutte du nuage. Peu à peu la goutte devient de plus en plus grosse et le nuage reprend sa taille normale. Il devient de nouveau un vrai nuage. Il remonte au ciel car il préfère retourner chez soi. Il aime observer les étoiles. Surtout la nuit. Il remarque qu'il y a des étoiles qui forment des ensembles très bizarres. Il relie quelques étoiles avec des lignes imaginaires et il peut s'imaginer des formes ou des animaux différents : un scorpion, un capricorne, un taureau, … Il y a même une grande ourse et une petite ourse. La Petite Ourse a la forme d'une petite charrette à bras. Le nuage se couche dans la charrette pour se reposer. Il est très fatigué. La nuit, le nuage ne peut pas dormir. Il ne peut pas fermer les yeux parce que le ciel le fascine trop. Pendant toute la nuit, il observe les étoiles.

Il découvre un autre grand ensemble d'étoiles : c'est le Grand Chien. Je crois que le Grand Chien a besoin de compagnie, pense le nuage et il demande au magicien du ciel de le transformer en petit chien. Soudain, le nuage voit qu'il a un museau, des oreilles, des pattes, une queue..., il est devenu un chien et tout de suite, il commence à aboyer. Mais les aboiements dérangent les étoiles. Elles n'aiment pas le bruit. Au ciel, tout doit être tranquille. « Retourne sur terre ! » lui disent-elles. « Là, tu peux faire tant de bruit que tu veux ! » Le matin, quand le soleil brille, le chien glisse le long d'un rayon de soleil et il atterrit dans une rue. Il voit qu'il y a des gens qui promènent leurs chiens. Il est très surpris de voir des chiens qui lui ressemblent. Quelques chiens aboient, mais cela ne semble déranger personne. Il est sûr que sur terre il se fera des copains. Soudain, il voit un garçon qui court dans sa direction. Il semble que ce garçon rêve depuis longtemps d'avoir un chien...

Le premier jour, à la rentrée de classe en janvier, Alain a tout de suite montré la rédaction à Marie-Rose. Il était très fier de la lui montrer.

Marie-Rose l'a lue très vite.

– Mais c'est formidable ! s'est-elle écriée. Tu as une imagination débordante.

– Merci. Tu sais pourquoi j'ai eu cette idée-là?

– Non.

– Quand on a discuté de ta rédaction, tu m'as dit : « si j'en ai envie, un jour j'essaierai de sauver le nuage. »

– Et alors ? a demandé Marie-Rose.

– Tu as utilisé le terme « envie », a expliqué Alain. Alors j'ai pensé à « en vie ». Le nuage doit rester en vie.

– Et il se transforme en chien. C'est une bonne idée.

– Tu sais très bien que je rêve d'avoir un chien. Mon imagination a transformé le nuage en un petit chien. Elle a dormi trop longtemps. C'est toi qui m'as dit qu'on peut la réveiller. Je l'ai réveillée.

– Tu plaisantes* ? a demandé Marie-Rose qui ne savait plus si Alain se moquait d'elle ou non.

– Non, Marie-Rose. Tu as raison. L'imagination, c'est quelque chose de spécial. Et en plus, cela rapporte de l'argent de poche.

– De l'argent de poche !? Ne me dis pas que tes parents t'ont donné…

---

* plaisanter : *dire des choses pour faire rire (spaassen, de Geck maachen)*

Alain a interrompu Marie-Rose en disant :

– Si ! Mes parents m'ont payé un billet de cinéma. Ils étaient tellement surpris. C'est la première fois que j'ai écrit une rédaction pendant les vacances. Ils ont dit que je méritais une récompense*. Pour chaque rédaction écrite, ils me paieront une séance de cinéma. Quelle réaction pour une rédaction*, n'est-ce pas ?

Sa bouche a dessiné un large sourire. Soudain, il est devenu plus sérieux. Il a vu Madame Calon entrer dans la salle de classe. Marie-Rose tenait toujours la rédaction dans la main. Alain ne voulait pas que l'institutrice la découvre. Il l'a arrachée de la main de Marie-Rose et l'a remise dans son classeur. Ouf ! Madame Calon n'avait rien vu.

Pour Marie-Rose, les mois suivants étaient ennuyeux et monotones*. Elle n'aimait pas la monotonie. Elle n'aimait

---

* la récompense : *si on reçoit quelque chose quand on a fait une bonne action (d'Belounung)*

* C'est une paranomase : *une figure de style qui consiste à employer dans une même phrase des mots dont le son est à peu près semblable, mais dont le sens est différent*

* monotone : *ennuyeux (langweileg, monoton)*

pas l'ennui. Bien sûr, il y avait l'école, les visites régulières à Mamie, les cours de danse. Marie-Rose était une fille très occupée. Toutes ses occupations remplissaient ses journées. Mais il fallait aussi qu'elle continue à remplir son imagination.

Marie en a parlé à Rose.

– Tu sais, a dit Marie, Alain a écrit une suite à ma rédaction. Il a donné une chance à son imagination.

– Est-ce qu'il a pris la tienne ? a demandé Rose. Et maintenant, il ne t'en reste plus.

– Si, a répondu Marie. Mais à présent, moi, j'ai besoin d'autre chose… Je veux aller plus loin avec mon imagination. Les rédactions ne me suffisent plus. Les histoires se développent dans ma tête… Je les écris sur des feuilles. Elles ne sont pas réelles. Je veux aller plus loin… Je veux tester l'imagination des autres.

– De qui ? a demandé Rose.

– Je ne le sais pas encore. Il faut que je trouve une personne qui, dans la vie réelle, m'aide dans une histoire.

Rose a immédiatement interrompu Marie.

– Fais attention, Marie ! a dit Rose. Il ne faut pas que tu t'aventures dans des histoires trop compliquées.

Les jours suivants Marie-Rose a cherché des idées pour tester jusqu'où elle pourrait aller. D'abord, elle voulait tester l'imagination des gens.

Elle a découpé de petits bouts de papier. Puis, sur chacun de ces bouts de papier, elle a écrit une phrase différente. Il s'agissait seulement d'une ligne, par exemple, un vers tiré d'un poème, une phrase tirée d'un livre ou encore une phrase qu'elle a inventée. En bas, elle avait écrit de sa plus belle écriture : *Donnez une chance à votre imagination ! Je vous demande de rajouter une suite à ce début – deux à trois lignes suffiront. Déposez, s'il-vous-plaît, le bout de papier près de l'arbre qui se trouve sur la place du Marché.* Comme signature, elle avait écrit *Rosemarie.*

Puis Marie-Rose est allée distribuer ces messages dans différentes boîtes aux lettres de son quartier. Elle n'a pas mis de message dans la boîte aux lettres d'Alain. Elle ne voulait pas qu'Alain voie le message. Il me prendra pour une folle, s'est dit Marie-Rose, qui avait peur d'être ridicule aux yeux de son meilleur camarade de classe.

Elle a attendu quelques jours. Elle est allée voir régulièrement à l'endroit indiqué. Il n'y avait rien. Aucun message. Aucune réponse. Elle était très déçue. Sûrement que les gens n'ont plus d'imagination, a-t-elle pensé. La fiction ne les intéresse pas. Ils préfèrent la réalité. Mais pourquoi ? Tout le monde sait qu'on peut oublier les problèmes et les soucis quotidiens avec un peu d'imagination. Les gens aiment partir en voyage en auto, en avion, en bateau, à moto, mais pas avec des mots.

Marie-Rose, elle, elle pouvait faire des voyages avec des mots. Et elle se sentait libre. Sa grand-mère faisait des voyages avec ses souvenirs. Cela lui donnait de la force. C'est ça aussi : la liberté.

Marie-Rose était triste. Son idée des petits bouts de papier n'avait pas eu le succès qu'elle espérait.

Un jour, Marie-Rose a trouvé sur Internet une idée intéressante. Il y a des gens qui ne gardent pas les livres qu'ils ont lus, mais ils les « libèrent »*. Les livres veulent qu'on ne les oublie pas. Il ne faut pas les jeter. Il faut qu'on les traite bien. Ainsi, ces gens-là, s'ils ont lu un livre, lui donnent la « liberté » en le « cachant » par exemple sous une banquette dans un bus, dans un train ou derrière un arbre dans un parc. Ainsi, ils espèrent que quelqu'un trouvera le livre et le lira.

---

* libérer : *rendre la liberté (befreien)*

S'il l'a lu, ce lecteur devra à son tour libérer le livre qui, lui, retrouvera de nouveau un autre lecteur ou une autre lectrice. Et ainsi de suite. Beaucoup de gens ont donc la chance de lire le livre. Cela ne coûte rien et c'est passionnant.

Marie-Rose a trouvé cette idée géniale. Elle a décidé d'essayer avec un de ses propres livres. Elle a choisi le livre « Reviens ! » de Laure Carmelle qu'elle avait lu pendant le congé de Noël. Elle s'est donc rendue près de son école. Là, il y avait un mur, derrière lequel elle a posé le livre de façon assez visible.

– Je te souhaite un bon voyage, lui a-t-elle dit.

Deux jours après, le livre avait disparu. Quelqu'un l'avait trouvé. Marie-Rose était folle de joie. Le nouveau lecteur serait sûrement content.

Marie-Rose est allée de nouveau rendre visite à Mamie. Sa grand-mère était en train de faire des mots croisés*.

– Il faut que mon cerveau reste actif, a-t-elle dit en se tapant plusieurs fois avec l'index contre le front. Je ne veux pas perdre la mémoire. C'est pour cela que je fais des mots croisés, je lis des journaux, des revues. J'ai peur

---

* des mots croisés : *Kreuzworträtsel*

de ne plus reconnaître les lettres… j'ai peur de ne plus pouvoir déchiffrer les mots…

– Tu ne perdras pas la mémoire si vite, l'a consolée Marie-Rose. Moi je t'aiderai à ne pas la perdre.

– Oui, tu m'apportes le bonheur, a dit Mamie.

Marie-Rose lui a parlé de son stress à l'école. Il y avait des tests, des interrogations, des contrôles. La grand-mère lui a montré une photo. Sur la photo, on voyait Mamie quand elle était une jeune fille. Elle avait des cheveux bouclés et un visage souriant.

– C'était, si je me rappelle bien, a-t-elle commencé, en 1946. J'avais dix-sept ans. Sur la photo, tu me vois souriante. Mais j'étais malheureuse. Et je vais te dire pourquoi. Je ne sais pas si je te l'ai déjà dit, mais quand j'avais ton âge, j'aimais écrire des histoires. J'avais une imagina…

Marie-Rose, très surprise, l'a interrompue en disant :

– Tu veux dire « une imagination débordante » ?

– Oui ! Comme la tienne…

– Tu ne m'en as jamais parlé…

– Écoute ! Tu sais, pendant la guerre, on n'avait pas beaucoup de distraction*. On passait des années terribles dans

---

* la distraction : *le divertissement, le passe-temps (den Zäitverdreif)*

la peur et la misère. La plupart du temps, j'étais seule, très seule avec ma grande peur. Et j'ai commencé à voyager dans mes pensées. Et j'ai tout noté. Et cela pendant presque sept ans. De 1940 jusqu'en 1947. Je ne voulais pas que mes idées se perdent. C'est dans des carnets que j'ai écrit de petites histoires. J'ai aussi noté toutes mes pensées, tous mes petits chagrins*, tous mes secrets, tous mes petits bonheurs… Oui, parfois j'étais aussi heureuse… par exemple quand le regard amoureux d'un jeune homme – celui de Thierry – a croisé mon regard… J'ai connu aussi beaucoup de moments de bonheur. C'est quand j'étais très heureuse que j'ai écrit des histoires fantastiques*… Puis, à l'âge de dix-sept ans, j'avais une grande envie de devenir écrivain. C'était mon plus beau rêve qui malheureusement…

Mamie a fait une pause en soupirant, mais Marie-Rose a terminé sa phrase en disant :

– … ne s'est pas réalisé.

– Malheureusement non ! Veux-tu savoir pourquoi ? a demandé Mamie. Mon père, c'est-à-dire ton arrière-grand-père, me l'a interdit.

---

* le chagrin : *la peine, la souffrance (d'Péng, d'Leed)*

* fantastique : *qui est créé par l'imagination (fantastesch)*

– Pourquoi ?

– Parce qu'il disait que ce n'était pas un métier pour les femmes.

– Comment a-t-il pu briser ton rêve ?

– Il disait que l'imagination était nuisible* surtout aux jeunes filles. Une jeune fille, selon lui, doit se marier, avoir des enfants, faire la cuisine et le ménage pour son mari. C'est tout.

– Mais tu aurais pu être épouse, femme de ménage et devenir maman… et en même temps devenir écrivain.

– Oui, tu as raison… Mais cela ne s'est pas réalisé. Peu à peu, je n'avais plus envie d'écrire. Au début, quand mon père me voyait en train d'écrire, il s'est fâché. « Arrête de rêver, Florence ! Redescends de ton nuage ! », a-t-il dit, « Il faut avoir les pieds sur terre ! » Je n'avais plus le droit d'écrire en sa présence. J'ai écrit en cachette. Puis, en 1947, j'ai commencé à travailler comme infirmière. Le soir, après mon travail, j'étais trop fatiguée pour écrire. Et les années ont passé.

– Pourquoi n'as-tu plus écrit d'histoires pendant ton temps libre ? a demandé Marie-Rose. Plus tard, personne

---

* nuisible : *qui peut nuire à quelqu'un (schiedlech)*

ne te l'aurait interdit. Ton mari, grand-père Georges, il aurait accepté que tu continues à écrire des histoires…

– Oui, mon cher Georges l'aurait accepté.

Elle a jeté un regard plein d'amour sur le portrait encadré de Georges.

– Mais pourquoi n'as-tu plus rien écrit ?

Mamie a réfléchi, elle a hésité, puis elle a dit :

– Je ne le sais pas…

Marie-Rose ne pouvait détacher les yeux du visage de sa grand-mère. Le regard de Mamie était devenu plus triste. Sa voix était devenue plus tremblante*. Dans ses yeux, il y avait de la tristesse et des regrets. Marie-Rose n'arrivait pas à s'imaginer qu'un père pouvait interdire à sa fille de réaliser son plus grand rêve. Elle a réfléchi un instant, puis elle a dit :

– Peut-être que moi, j'écris à ta place.

– Non, a dit Mamie, on n'écrit pas « à la place » d'un autre. Moi j'étais et je suis Florence… toi, tu es Marie-Rose.

– J'ai peut-être hérité* de ton don… indirectement ? a demandé Marie-Rose.

---

* trembler : *être agité de petits mouvements (zidderen)*

* hériter : *recevoir par héritage (ierwen)*

– Ta maman n'est pas devenue écrivaine. Peut-être un jour, tu en deviendras une… si tu continues ainsi. Il faut de la passion* et de la patience*.

– C'est mon plus grand rêve !

– Alors il faut que tu le réalises, ce rêve, a dit la grand-mère en ouvrant de grands yeux. Elle a voulu rajouter : « Il faut que tu réalises ce rêve à *ma place* », mais elle ne l'a pas fait. On ne peut pas réaliser les rêves d'un autre.

– En tout cas, a dit Marie-Rose, mon père ne m'interdit pas d'écrire…

Marie-Rose et Mamie se sont mises à rire ensemble.

Soudain, Mamie a ouvert le tiroir de la commode et en a sorti deux carnets avec une reliure en cuir noir.

– Tu es la première à qui je montre ces carnets. Ce sont mes « Cahiers personnels » que j'ai écrits pendant sept ans. Je ne les ai encore montrés à personne. Cela fait plus d'un demi-siècle* que je les cache. Personne n'est

---

* la passion : *quand on a un grand amour pour quelque chose (d'Passioun, eng grouss Begeeschterung)*

* la patience : *quand on met beaucoup de temps et de courage dans une activité (d'Gedold)*

* un demi-siècle : *cinquante ans (en halleft Jorhonnert)*

au courant qu'ils existent. Il est temps que quelqu'un les lise. Tu seras la première. Il ne faut rien dire à personne. C'est notre petit secret… Est-ce que tu peux garder un secret ?

– Oui !

– Très bien !

Mamie a remis à Marie-Rose les deux carnets. Le premier avait été écrit entre 1940 et 1943 ; le deuxième entre 1944 et 1947. Elle lui a souhaité une bonne lecture, puis elle a fermé les yeux. Marie-Rose a remarqué que la discussion avait trop fatigué sa grand-mère. Elle a mis les carnets dans sa sacoche et elle est sortie de la chambre sur la pointe des pieds.

Le lendemain, Marie-Rose s'est rendue au centre sportif pour son cours de danse. Elle a dû y aller à pied parce qu'elle avait raté le bus. À mi-chemin, une femme qu'elle ne connaissait pas lui a adressé la parole :

– Est-ce que je pourrais te parler un instant ? a-t-elle demandé.

– Oui ! a répondu poliment Marie-Rose.

– Je te connais. C'est toi qui as caché le livre près de l'école. Je t'ai observée l'autre jour.

– Ah ! C'est vous qui l'avez trouvé, s'est exclamée* Marie-Rose, tout heureuse de faire la connaissance de la personne qui avait trouvé son livre.

– Quand je t'ai vue près du mur, je me suis demandé ce que tu y faisais. Tu avais à la main quelque chose que tu as posé lentement au pied du mur. Elle est folle ou quoi, cette fille ? ai-je pensé. Au début, je ne savais pas ce que c'était. Ton geste avait l'air si… si… – elle cherchait le mot juste – … si mystérieux. Quand tu es partie, je suis allée voir. Et j'ai vu que c'était un livre. Quelle drôle d'idée, me suis-je dit.

– Vous ne l'avez pas pris ? a demandé Marie-Rose.

– Si, a répondu la femme.

– Et qu'est-ce que vous en pensez ?

– De quoi ? a demandé la femme. Est-ce qu'il faut le lire ?

Il semblait que la femme n'avait pas très bien compris le principe du livre-voyageur. Marie-Rose le lui a expliqué.

– Ah bon, a-t-elle dit… Non… Je ne l'ai pas lu… Je ne vais pas le lire non plus… je crois.

– Si vous n'avez pas envie de le lire, je vous demande de me le rendre. Ou bien… il faut que vous le cachiez

---

* s'exclamer : *s'écrier (jäizen)*

quelque part, a proposé gentiment Marie-Rose. Alors une autre personne pourra lire le livre.

– Non ! a dit la femme d'un ton méchant. C'est impossible… je l'ai déjà jeté.

Marie-Rose est restée bouche bée. Elle ne savait pas quoi dire, tellement elle était choquée.

– Ah, je vois que cela te rend triste, a continué la femme. Tu ne veux pas qu'on jette des livres, n'est-ce pas ?… Je comprends… Alors… qu'est-ce qu'on pourrait faire ?

Marie-Rose voulait réagir, se fâcher, protester. Elle a laissé la femme réfléchir. Mais il lui semblait qu'elle faisait seulement semblant de réfléchir. Et Marie-Rose s'est demandé si cette personne qui se tenait là devant elle ne jouait pas à un petit jeu. Mais à quel jeu ?

– Écoute ! a dit la femme. Peut-être la poubelle n'a-t-elle pas encore été vidée… Quel jour sommes-nous ?… Je suis sûre que le livre se trouve encore dans la poubelle bleue. … Tiens ! Le titre du livre n'était-il pas « Reviens ! » ?… Mais si !… Peut-être le livre pourra-t-il revenir. Revenir à toi… Veux-tu qu'on aille voir ?

– Oui! a répondu Marie-Rose sans hésiter.

Mais une voix intérieure s'est adressée à Marie. C'était celle de Rose.

– On ne suit pas des gens qu'on ne connaît pas, a dit Rose. Fais attention ! Tu vas t'aventurer dans une histoire trop dangereuse.

Mais Marie n'a pas voulu écouter Rose. Elle était fâchée de la réaction de Rose. Elle était contente d'avoir rencontré cette femme. C'était une femme mystérieuse et plutôt sympathique. Marie croyait que cette rencontre était le début d'une histoire intéressante.

Marie-Rose a donc suivi la femme. Celle-ci n'habitait pas loin de l'endroit où elle avait rencontré la fille. Etait-ce un hasard ? Est-ce qu'elle avait attendu Marie-Rose pendant qu'elle allait au centre sportif ? C'était une femme âgée d'environ quarante ans. Elle avait les cheveux en désordre. Parfois, dans son visage, il y avait une expression sympathique, parfois elle avait l'air triste.

En chemin, Marie-Rose s'est présentée :

– Je m'appelle Marie-Rose.

– Je connais ta mère… Elle travaille au Bureau de la Population de la commune… Je la connais de vue… C'est bien elle, Madame Lorient ?

– Oui.

– Moi je m'appelle Christine. Christine Salmi.

Madame Salmi a sorti ses clefs, a ouvert la porte de la maison et a fait entrer la fille. Marie-Rose a suivi la femme à l'intérieur. Elles sont allées dans la cuisine. Là, il y avait un vrai désordre. Sur la table de cuisine se trouvaient des verres, plusieurs assiettes avec des restes de repas, comme si elle n'avait plus fait la vaisselle depuis quelques jours. Dans l'évier*, il y avait des tasses et des assiettes sales.

– Ah ! Quel désordre ! s'est-elle écriée. Depuis que je…

Elle a voulu donner une explication à ce désordre, mais elle n'a pas fini sa phrase. Marie-Rose haïssait les gens qui commençaient une phrase et qui ne la terminaient pas.

Madame Salmi a posé sa main contre son front.

– Voyons… voyons…? Où peut bien se trouver ce livre ?

– Vous avez dit que vous l'avez jeté dans une de vos poubelles.

– Ah, oui ! J'en ai plusieurs, chacune d'une couleur différente : une verte, une grise, ou plutôt noire, et une… et une…

Elle semblait ne plus se souvenir de la couleur des poubelles où l'on jette le vieux papier.

---

* l'évier : un bassin dans lequel on lave la vaisselle (*de Spullsteen*)

– Ah oui : la bleue !

– Oui. Vous avez dit que vous l'avez mis à la poubelle bleue.

– Non… non… Parce que tu crois que les livres préfèrent les poubelles bleues ?… Non… non… Je l'ai mis quelque part… Mais où ? Parfois je suis si distraite*. Tu sais, je ne vais pas très bien… alors… tu sais… ma mémoire me joue des tours*.

Il ne faut pas beaucoup de mémoire, a pensé Marie-Rose, pour pouvoir se souvenir où l'on a mis un livre. Ma grand-mère, elle, se rappelle ses jours d'enfance. Alors Madame Salmi peut bien se rappeler ce qu'elle a fait du livre il y a quelques jours.

– Je ne sais plus où je l'ai mis, a dit Madame Salmi. Je vais devoir le chercher. Il faut que tu reviennes une prochaine fois. Je le trouverai.

Et sur ces mots-là, Madame Salmi a accompagné Marie-Rose jusqu'à la porte et elle lui a dit au revoir.

---

* distrait(e) : *occupé(e) par autre chose, être dans les nuages, être dans la lune (duercherneen, net konzentréiert)*

* ma mémoire me joue des tours : *je ne peux plus me fier à ma mémoire (ech kaméngen Erënnerungen net méi trauen)*

– À la prochaine. Promets-moi de revenir.

Marie-Rose n'a rien pu répondre. Pas de geste d'adieu. Rien. Aucun mot ne lui est sorti de la bouche. Même si la bouche était grande ouverte de surprise.

Madame Salmi a fermé la porte. Elle habitait la rue Large, au numéro 76. Marie-Rose a retenu le nom de la rue et le numéro de la maison. Puis elle s'est dépêchée pour arriver à temps à son cours de danse.

Le soir, pour se soulager de cette drôle de rencontre, elle a pris le premier des *Cahiers personnels* de Mamie – celui avec les histoires et les récits écrits entre 1940 et 1943 – et elle a commencé à lire. C'était bizarre. Mamie – ou plutôt la jeune fille Florence – aimait les histoires sur les nuages, les étoiles, la lune, les éclairs, les arcs-en-ciel. Elle s'intéressait peut-être aux habitants du ciel, parce que son père lui avait toujours reproché « d'être dans les nuages » ou « d'être dans la lune ».

Elle a lu quelques lignes :

... Je veux être un nuage très gros et très lourd au-dessus d'un pays où il ne pleut pas souvent. Je me

viderai de ma pluie et j'arroserai les champs asséchés. Grâce à l'eau, des céréales* et des légumes vont pousser et les gens n'auront plus faim. Il y aura aussi beaucoup de fleurs… Je veux être un nuage léger pour m'envoler librement. Les nuages sont libres. Ils s'en vont et reviennent. Personne ne leur dit ce qu'il faut faire. Ils savent ce qu'il faut faire. Ils se remplissent de pluie et ils se vident de la pluie. S'il pleut, cela veut-il dire que les nuages sont tristes ? Alors, je pense que parfois certains nuages doivent être très, très tristes. Je me demande ce qui se passe si un jour un nuage tombe par terre. Est-ce qu'il deviendra plus petit ? Ne restera-t-il de lui que quelques gouttes ou des larmes ?…*

Marie-Rose n'a pas pu continuer la lecture. Elle était tellement étonnée de la dernière phrase qu'elle a fermé le carnet. La jeune Florence avait eu les mêmes pensées qu'elle. En tout cas au sujet du nuage. La dernière phrase qu'elle a écrite ressemble exactement à la mienne,

---

* asssécher : *enlever l'eau (ausdréchnen)*

* les céréales : *plantes dont les grains servent à l'alimentation (Weess, Huewer,…)*

s'est-elle dit. Le nuage… les gouttes… les larmes… J'ai écrit presque la même phrase… Et une pensée a traversé son esprit : et si c'est vrai que j'ai hérité du don de Florence ?

Elle a ouvert le carnet au hasard. À la page treize, il y avait une histoire portant ce titre :

Le magasin des mots.
Marie-Rose a commencé à lire :

Dans notre village, il y a un magasin spécial : un magasin de mots. Le propriétaire du magasin, Monsieur Manuel, vend des mots. Il a classé les mots dans différents tiroirs. Il y a des noms, des adjectifs, des adverbes, des verbes, des prépositions, des expressions, etc. Dans des boîtes de différentes tailles, il y a des mots faciles, des mots difficiles, des mots qui ne sont plus à la mode, des mots rares, des mots que les gens n'utilisent plus. Monsieur Manuel collectionne tous les mots qui existent… ou presque. Si les gens cherchent un mot – pour une lettre, un livre, un article, un rapport, etc. – et s'ils ne le trouvent pas, ils viennent chez lui. Monsieur Manuel est *comme un dictionnaire. Dans son magasin, il y a un énorme choix de mots. Monsieur Manuel trouve toujours le mot juste. Quand une vieille dame par exemple n'arrive pas à terminer des mots croisés, Monsieur Manuel l'aide à trouver les mots qui manquent. Un écrivain qui manque d'imagination vient régulièrement y acheter des mots qui pourraient l'inspirer*. Monsieur Manuel lui en vend quelques-uns et il explique qu'un seul mot suffit parfois pour commencer une histoire. Il dit que les mots sont comme des graines qui poussent. Chaque mot crée un autre mot et ainsi de suite… Il aide les gens à écrire des lettres d'amour. « Ô mon adorable chéri(e)… » Les personnes qui veulent écrire une lettre d'excuse par exemple viennent chez lui pour lui demander des mots qu'il faut. Il conseille surtout les parents. « Veuillez excuser mon fils/ma fille parce qu'il/elle n'a pas écrit sa punition… » Des poètes et des poétesses qui n'arrivent pas à terminer un vers de leur poème viennent fouiller dans la boîte avec les rimes. Il possède des rimes plates, des rimes croisées et des*

---

* inspirer : *donner l'inspiration, la créativité aux artistes (d'Fantasie ureegen)*

rimes embrassées. Il préfère celles qui s'embrassent. Il aide aussi les gens qui n'arrivent pas à lire l'ordonnance* d'un médecin. Monsieur Manuel peut même déchiffrer les mots les plus illisibles…*

Un jour, je serai écrivain et j'écrirai un roman dans lequel Monsieur Manuel jouera un rôle important…

En lisant cette phrase, Marie-Rose a senti une grande tristesse, car elle a pensé au rêve de Florence qui ne s'était pas réalisé.

Deux jours après la rencontre avec Madame Salmi, Marie-Rose est allée sonner au numéro 76 de la rue Large pour aller reprendre son livre. Après quelques minutes, Madame Salmi a ouvert la porte.

---

* la rime est la répétition de sons presque identiques à la fin de deux ou de plusieurs vers. On peut disposer les rimes de plusieurs façons :
les rimes suivies ou plates : A A B B
les rimes croisées : A B A B
les rimes embrassées : A B B A

* l'ordonnance : *la feuille sur laquelle le médecin écrit les médicaments (d'Dokteschrezept)*

– Ah ! C'est toi… Entre !

Dans la cuisine, le désordre avait disparu. La vaisselle avait été faite.

– Tu vois, a dit Madame Salmi, j'ai fait la vaisselle. Je savais que tu reviendrais.

– Je viens chercher mon livre.

– Ah oui… le livre…

– Vous l'avez retrouvé ?

– Oui !… Est-ce que je pourrais le garder ? a-t-elle demandé.

Marie-Rose ne savait pas quoi répondre. Madame Salmi a expliqué qu'elle était intéressée par le sujet du livre.

– Sur la quatrième de couverture*, a-t-elle dit, j'ai lu qu'il s'agit de l'histoire d'un garçon – Sébastien – qui a fait une fugue*. Il en avait marre à la maison parce qu'il se disputait toujours avec ses parents. Alors il a volé de l'argent pour se payer un long voyage en train et il s'est enfui de la maison…

– Et puis, a continué Marie-Rose, Sébastien a décidé de…

---

* la couverture : *ce qui recouvre un livre ; ici, 4e de couverture (de Buchdeckel)*

* la fugue : *l'action de s'enfuir de chez soi ; faire une fugue (vun doheem fortlafen)*

– Non !! s'est écriée Madame Salmi en gesticulant des bras. Ne dis rien ! Ne me dévoile pas la fin… Sinon je n'aurai plus envie de lire le livre.

– Vous voulez vraiment le lire ?

– Oui ! Les livres sont faits pour ça, non !?… Un instant.

Elle est sortie de la cuisine et est entrée dans la pièce à côté.

Marie-Rose a profité de la brève absence de Madame Salmi pour jeter des regards curieux autour d'elle. Il n'y avait ni photos, ni tableaux, ni posters. Elle voulait voir s'il n'y avait rien qui indiquait la présence d'une autre personne ou d'autres personnes dans cette maison. Est-ce qu'elle vit seule ? s'est demandé Marie-Rose. Est-elle mariée ? A-t-elle des enfants ? Elle a jeté un coup d'œil dans la pièce dans laquelle Madame Salmi était en train de chercher le livre. Elle n'y voyait aucun jouet. Aucun vêtement n'y traînait. Il y avait trois ou quatre paires de souliers par terre, mais, d'après la pointure*, elles appartenaient à Madame Salmi. Des magazines et des journaux étaient éparpillés* par-ci par-là.

---

* la pointure : *le nombre qui indique la taille des souliers (d'Schunggréisst)*

* éparpiller : *laisser tomber ça et là (verstreeën)*

Madame Salmi est revenue. Elle lui a tendu le livre.

– Tiens !

– Vous pouvez le garder. Je vous en fais cadeau. Et je vous souhaite une bonne lecture. Au revoir, Madame Salmi !

Marie-Rose s'est retournée et elle s'est dirigée vers la porte. Mais Madame Salmi l'a suivie et l'a saisie par le bras.

– Je veux que tu restes ici ! a-t-elle dit. Je veux que tu me lises quelques pages.

Marie-Rose en avait assez. À quoi joue-t-elle ? a-t-elle pensé. Elle sait lire, non ? Pourquoi veut-elle que je lui fasse la lecture ? Pourquoi me retient-elle ?

– Au revoir, Madame Salmi, a répété Marie-Rose d'un ton plus ferme.

Madame Salmi a lâché son bras.

– J'aime entendre ta voix, a-t-elle dit d'un ton très doux. Reste ici !… Fais-moi la lecture !… Depuis des mois, je suis tellement triste… tellement déprimée… La lecture est un bon médicament pour me remonter le moral*.

---

* remonter le moral : *redonner courage (engem nees Courage ginn, een opmonteren)*

Si elle a besoin de guérir sa tristesse, a songé Marie-Rose, elle doit aller consulter un médecin. Marie-Rose imaginait déjà le médecin dire à Madame Salmi : « Madame Salmi, il faut lire quelques livres au lieu de prendre des aspirines ou des antidépresseurs.* »

– Il faut que je rentre, a dit Marie-Rose.

– Si toi, tu ne veux pas lire, c'est moi qui te ferai la lecture, a proposé Madame Salmi. J'essaierai d'être une bonne liseuse*, car moi aussi j'aimais raconter des histoires. Cela fait des mois et des mois que je n'en raconte plus. J'aimais raconter des histoires jusqu'au jour où…

Madame Salmi s'est interrompue brusquement, comme si elle avait peur de continuer.

Jusqu'au jour où?… Marie-Rose était folle de rage. Madame Salmi avait la mauvaise habitude de ne pas terminer ses phrases. Non seulement elle ne termine pas ses phrases, a pensé Marie-Rose, mais en plus, elle veut me dire quelque chose, mais elle n'en a pas le courage. Mais où veut-elle en arriver ?

---

* les antidépresseurs : *les médicaments que l'on prend si l'on est déprimé (d'Berouegungsmëttel)*

* la liseuse : *celle qui lit des histoires (déi, déi virliest)*

Madame Salmi a posé une main sur l'épaule de Marie-Rose, qui l'a repoussée. Elle n'avait qu'une seule envie. Partir. Elle est sortie et a claqué la porte.

Quand Marie-Rose avait fait quelques pas, il lui a semblé que la femme s'était rapprochée de la porte et avait soufflé d'une voix tendre : « Reviens ! ».

Marie-Rose s'est dépêchée pour rentrer à temps à la maison. Elle n'a rien dit de sa rencontre à ses parents. Elle ne voulait pas leur demander s'ils connaissaient une certaine Madame Salmi. Marie-Rose ne savait pas si elle avait encore envie de revoir cette femme.

À ce moment-là, elle a entendu la voix intérieure de Rose.

– Est-ce que tu vas retourner chez cette femme? a demandé Rose.

– Je ne le sais pas encore, a répondu Marie.

– Ne retourne plus chez elle ! Promets-le-moi !

– J'hésite. C'est tellement captivant*, a dit Marie. Ma vie est parfois si ennuyeuse. Il me faut un peu de suspense*.

---

* captivant(e) : *passionnant(e) (spannend)*

* le suspense : *le moment qui provoque une attente et une grande angoisse (d'Spannung)*

– N'as-tu pas peur ? a demandé Rose.

– Si, j'ai peur, a répondu Marie. Mais sans le sentiment de peur, il n'y a pas de suspense. Je crois que je vais retourner chez Madame Salmi. Je suis sûre que j'ai fait la connaissance d'une personne très intéressante. Je crois qu'elle garde un secret. Avec elle, je vais entrer dans une vraie histoire.

– Moi, à ta place, je n'irais plus chez elle, a dit Rose.

Marie-Rose ne savait pas quelle décision elle devait prendre. Voilà pourquoi elle a encore demandé conseil à Alain. Elle lui a raconté sa rencontre avec Madame Salmi dans tous les détails. Elle lui a parlé surtout de la dernière rencontre avec la femme, ses phrases incomplètes*, sa proposition de lui faire la lecture, ce mystérieux « Reviens ! » qu'elle avait chuchoté derrière la porte.

– Il s'agit d'une sorcière qui veut t'ensorceler*, a dit Alain. Les sorcières modernes aiment les petites filles à l'imagination débordante.

– Tais-toi ! s'est écriée Marie-Rose.

---

* incomplet(ète) : *qui n'est pas complet (net komplett)*

* ensorceler : *séduire comme une sorcière (verzauberen, verhexen)*

– Madame Salmi est une auteure qui manque d'imagination, a continué d'expliquer Alain. Elle est en train d'écrire un livre et elle n'a plus d'imagination. Pour pouvoir continuer, il lui faut de l'imagination. Elle veut te prendre la tienne.

Marie-Rose n'avait plus envie d'écouter les idioties de son copain.

– Alain, je t'en prie ! Arrête de te moquer de moi !

Mais Alain ne s'est pas laissé interrompre et il a continué :

– Elle va se transformer en sorcière. Elle va d'abord plonger ta tête dans une grande marmite* remplie d'eau chaude pour réchauffer ton imagination. Ensuite, sous l'effet de la chaleur, ton imagination va déborder… de tes yeux, de tes oreilles et de ton nez… À la surface de l'eau se formera peu à peu une mousse… une légère mousse blanche d'imagination. Puis elle va enlever cette mousse avec une cuillère et la verser dans plusieurs bocaux marqués d'étiquettes différentes: « imagination à l'eau de rose* », « imagination horreur », « imagination

---

* la marmite : *le grand récipient muni d'un couvercle (grousst Kachdëppen)*

* à l'eau de rose : *si un roman ou un film est très sentimental (wou et ganz vill op Gefiller ukënnt)*

vampirique », « imagination amoureuse », etc. Elle deviendra une auteure célèbre, car grâce à ton imagination, elle écrira un nouveau roman exceptionnel*... sous le nom de Gina Mationi*.

– Pas besoin de réchauffer mon imagination, a dit Marie-Rose. Le problème c'est que je n'ai *plus* d'imagination... J'ai trop peur... J'ai même peur de m'imaginer la suite.

Marie-Rose, fâchée, s'est retournée pour s'en aller. Alain, d'un pas décidé, s'est placé devant elle pour l'empêcher de partir. Marie-Rose s'est arrêtée. Alain a repris sur un ton plus sérieux.

– Ah tu vois ! Quand tu écris tes histoires, tu te sers de ton imagination. Tu écris ce que ton imagination te propose. Mais *ton* imagination ne sait rien du plan de Madame Salmi. C'est ça ton problème...

– Crois-tu que Madame Salmi a un plan ?

– Cette femme veut quelque chose de toi. Et tu ne sais pas encore quoi. Tu aimerais le savoir, n'est-ce pas ? Mais

---

* exceptionnel(le) : *extraordinaire (aussergewéinlech)*

* Quel est le nom qui se cache dans cet anagramme ? Un anagramme consiste à transposer les lettres formant un nom de façon à trouver un nouveau nom, et cela en utilisant toutes les mêmes lettres mais en les disposant comme on veut.

ton imagination n'est pas assez forte pour l'imaginer. Peut-être a-t-elle besoin de toi. Donc : tu dois retourner chez elle ! Sinon…

– Sinon quoi ?

– Sinon, tu ne connaîtras pas la suite.

Marie-Rose a réfléchi longuement sur ce que Rose et Alain lui avaient dit. Elle avait peur, oui. Mais elle était aussi impatiente. Elle ne pouvait pas prévoir la fin. C'était comme si elle était devenue un personnage dans un livre avec Madame Salmi pour personnage principal. Tout dépendait de cette personne-là. Dans sa tête, Marie-Rose ne pouvait pas s'imaginer la suite. Madame Salmi avait une idée derrière la tête. Mais laquelle ? Marie-Rose ne pouvait pas déchiffrer l'imagination de Madame Salmi. Alain avait raison. Avant, quand Marie-Rose écrivait des histoires, elle pouvait faire ce que son imagination lui proposait. Tout dépendait de *son* imagination. À présent, elle dépendait de Madame Salmi. Et pour connaître la suite, elle devait retourner chez elle… entrer dans sa maison, comme on « entre » dans une histoire.

Elle n'en a pas parlé à ses parents. Je le ferai plus tard, s'est-elle dit.

Quelques jours après la discussion avec Rose et Alain, Marie-Rose est retournée chez Madame Salmi. Alain l'a accompagnée jusqu'au numéro 58 de la rue Large, pas trop loin de la maison où habitait la femme. Devant la maison du numéro 58, il y avait un abribus*.

– J'attendrai ici, a proposé Alain. Appelle-moi sur mon portable si tu as besoin d'aide. Si je reçois un appel, je sais que tu es en danger et que ta tête est déjà plongée dans l'eau bouillante.

– Alors je n'aurai plus le temps de t'appeler, a-t-elle dit en rigolant.

– Tu me laisseras un message, au cas où il faudrait appeler l'ambulance… ou les sapeurs-pompiers…

– Pourquoi les sapeurs-pompiers ? a demandé Marie-Rose d'un ton aussi idiot que celui d'Alain.

– Au cas où la maison de la sorcière prendrait feu, a répondu Alain.

– Et pourquoi prendrait-elle feu ?

– Si le bois qui chauffe la marmite provoque un incendie*.

---

* l'abribus : *arrêt d'autobus équipé d'un abri pour les voyageurs (d'Bushaischen)*

* l'incendie : *grand feu qui se répand très vite (e grousst Feier)*

– N'oublie pas de crier au secours !…

Marie-Rose n'avait plus envie de continuer ce petit jeu idiot de questions-réponses. Elle a fait un signe d'adieu à son copain et s'est dirigée lentement vers la maison.

Madame Salmi lui a ouvert la porte. Marie-Rose, au moment de traverser le hall d'entrée, avait l'impression d'« entrer » dans une histoire, de s'aventurer dans l'inconnu. Son impatience a fait battre son cœur plus vite. Madame Salmi avait l'air plus calme que les fois d'avant. Elle avait des gestes plus lents et son visage était plus amical. En tout cas, elle semblait moins stressée et moins fatiguée que la dernière fois.

– Je suis contente de te revoir, a dit Madame Salmi. Je croyais que tu n'allais plus revenir… Alors ? Qu'est-ce qui te ramène ?

Marie-Rose avait envie de répondre: « C'est ma curiosité* qui me ramène », mais elle n'a pas osé dire la vérité.

Madame Salmi a remarqué que la fille hésitait*.

---

* la curiosité : *quand on est très curieux, quand on veut comprendre des choses nouvelles (de Virwëtz)*

* hésiter : *quand on attend parce qu'on n'est pas décidé (zécken)*

– Il doit y avoir une raison ? a-t-elle demandé. Tu ne reviens pas pour reprendre ton livre. La dernière fois, tu m'as dit que je pouvais le garder.

Marie-Rose a senti qu'elle était un peu gênée.

– Est-ce que vous l'avez lu ? a-t-elle demandé.

– Oui !

– L'histoire vous a-t-elle plu ?

Marie-Rose était contente d'avoir trouvé un sujet de conversation.

– Oui, elle m'a plu, a dit Madame Salmi. J'ai bien aimé la fin. Le garçon qui, après sa longue fugue et ses nombreuses aventures, retourne enfin à la maison. Mais d'un autre côté, la fin est invraisemblable*.

– Pourquoi ?

– Parce que, souvent en réalité, les fugues ne se terminent pas si bien. Tu sais que dans la vie réelle, il y a des enfants qui n'ont pas la même chance que ce Sébastien : ils ne rentrent pas sains et saufs* à la maison.

– Je sais…

---

* invraisemblable : *qui ne semble pas vrai (bal net ze gleewen)*

* sain et sauf : *quand on a été sauvé d'un grand danger, quand on reste en vie (gesond a monter)*

– Dans les livres, ce sont les auteurs qui décident de la fin. Dans la vie réelle, on ne peut pas prévoir ce qui arrive.

Marie-Rose n'avait pas très bien compris ce qu'elle voulait dire.

– Que voulez-vous dire ?

– Je veux dire que… dans la vie réelle… nous ne pouvons pas prévoir la suite… Moi, par exemple, je ne sais pas comment cette histoire va se développer. La suite dépend de tant de choses.

– De quelle histoire parlez-vous ? a demandé Marie-Rose qui avait du mal à comprendre ce que Madame Salmi voulait dire.

– Que tu es curieuse !… De *notre* histoire, a-t-elle répondu. Une histoire est en train de se jouer entre nous. C'est toi qui décideras si tu veux la continuer… ou y mettre un terme. Si tu t'en vas, l'histoire est terminée. Si tu restes, elle continue. Qu'est-ce que tu préfères ?

Marie-Rose hésitait. Madame Salmi a raison, a-t-elle pensé. Moi aussi, je crois me trouver dans une histoire. C'était pour connaître la suite que je suis revenue chez elle. Marie-Rose s'est rappelé ce qu'Alain lui avait dit : « Tu dois retourner chez elle, sinon tu ne connaîtras pas la suite. »

– Je reste ! a-t-elle dit.

Elle pouvait lire la réaction de Madame Salmi sur son visage, dans ses yeux, dans ses gestes. Madame Salmi était folle de joie. La fatigue avait disparu de son visage. Ses yeux brillaient. Ses gestes étaient plus vifs. Madame Salmi a prié Marie-Rose de s'asseoir sur le canapé. La fillette s'est assise. Elle savait très bien ce que Madame Salmi allait lui proposer. Elle voulait qu'elle lui fasse la lecture.

– Je vais chercher mon livre préféré, a dit Madame Salmi en quittant la pièce.

À côté du canapé, sur une petite armoire de rangement, il y avait un vase avec des fleurs fanées. Mais il y avait autre chose. Un cadre photo en bois. Quelqu'un l'avait retourné, le verre contre la tablette. C'était très bizarre. On ne pouvait pas voir la photo. Marie-Rose, curieuse, a soulevé le cadre photo. Sur la photo en couleur, elle voyait Madame Salmi et une fille qui avait environ dix ou onze ans. La fille avait la même couleur de cheveux que Marie-Rose. Ses cheveux blonds étaient bouclés comme ceux de Marie-Rose. Elle avait le menton arrondi et les yeux bleus. Les traits de son visage ressemblaient un tout petit peu à ceux de Marie-Rose. La petite fille était souriante.

Le cœur de Marie-Rose a commencé à battre plus vite. Est-ce que Madame Salmi avait retourné le cadre pour qu'on ne voie pas la photo ?

Marie-Rose a remis le cadre photo à sa place. Il fallait qu'elle se calme. Il ne fallait pas que Madame Salmi remarque son visage surpris et effrayé.

Madame Salmi est revenue avec un livre.

– Je préfère vous lire mes propres histoires, a proposé Marie-Rose d'une voix hésitante. Je suis une jeune auteure en herbe*.

– D'accord, a dit Madame Salmi.

– Je reviendrai donc, a dit Marie-Rose d'une voix décidée. La prochaine fois, j'apporterai quelques-unes de mes propres histoires et je vous en lirai plusieurs.

Madame Salmi était vraiment très contente de la proposition de Marie-Rose. Elle lui a tout de suite proposé une date. Le nouveau rendez-vous a été fixé au mardi suivant.

Devant l'abribus, Alain s'impatientait*. Quand il a vu enfin Marie-Rose, il a poussé un « ouf » de soulagement. Il

---

* un(e) auteur(e) en herbe : *un(e) auteur(e) qui n'en est qu'à ses débuts, qui commence le métier d'auteur (en/eng zukünfteg(e) Schrëftsteller(in))*

* s'impatienter : *perdre patience (ongedëlleg ginn)*

avait pris peur. Il voulait savoir si l'eau de la marmite n'avait pas été trop chaude. Marie-Rose n'écoutait pas ses idioties. Elle avait les pensées ailleurs.

– Est-ce qu'elle t'a fait boire une potion magique ? a demandé Alain.

Marie-Rose est restée muette*.

– As-tu perdu la voix ? Mais réponds-moi !... Ah oui... La potion magique t'a fait perdre ta voix, n'est-ce pas ?... Mais réponds-moi !

Marie-Rose n'écoutait pas ses questions idiotes. Alain ne savait pas pourquoi sa copine ne réagissait pas. Il ne pouvait pas comprendre pourquoi elle restait tellement silencieuse. Il ne savait pas que Marie-Rose avait vu une photo bien particulière. Elle ne voulait pas en parler à Alain. Elle ne voulait pas le mêler à cette histoire. Pas encore en tout cas. Peut-être une autre fois. Si je lui parle de cette fille, a pensé Marie-Rose, il se moquera de moi. Il me demandera si c'est une petite sorcière. Il imaginera sûrement une histoire dans laquelle une sorcière méchante fait disparaître les petites filles trop curieuses.

---

* muet(te) : *quand on ne peut plus se servir de la parole (stomm)*

Marie-Rose, d'un ton assez triste, a dit au revoir à son copain. Alain était trop étonné pour pouvoir continuer à demander s'il s'était passé quelque chose de grave.

Les jours suivants, la photo occupait les pensées de Marie-Rose. Elle ne pouvait pas en chasser le souvenir. Elle voyait toujours la fille sur la photo. C'est peut-être la fille de Madame Salmi, a-t-elle pensé. Pourquoi Madame Salmi ne m'a-t-elle pas parlé de cette fille? Et si c'était vraiment sa fille, où était le père ? Pourquoi la photo était-elle retournée? Tant de questions traversaient l'esprit de Marie-Rose.

– Tu es trop curieuse, lui a dit Rose.

– Si on n'est pas curieux, a dit Marie, on ne peut pas écrire d'histoires.

Pour passer le temps et pour ne pas trop penser à cette fille mystérieuse, Marie-Rose a écrit d'autres histoires. Sur des fleurs fanées qui attendent les rayons de soleil. Sur des livres abandonnés dans des poubelles bleues. Sur un nuage qui se dispute toujours avec ses frères-nuages et qui ensuite fait une fugue dans l'univers. Là, très loin dans l'univers, il y a une sorte de crèche spatiale* pour des nuages qui ont fait une fugue.

Elle s'est demandé pourquoi elle choisissait toujours des sujets tristes. Est-ce que cela avait un rapport direct avec la photo de la fille ? s'est-elle demandé.

Marie-Rose croyait un instant que la fille était décédée … Non ! s'est-elle dit. Elle est toujours vivante, car si elle n'était plus en vie, sa mère serait encore plus triste qu'elle ne l'était déjà. Et elle me l'aurait dit. Pourquoi une mère n'oserait-elle pas parler de la mort de sa propre fille ?… La fille doit être quelque part. A-t-elle fait une fugue, comme Sébastien, le garçon dans le livre de Laure Carmelle « Reviens ! » ? Est-ce que sa mère attend impatiemment un texto*, un signe de vie de sa fille ?

Un *signe de vie* !… Marie-Rose s'est souvenue du jeu de mots qu'avait fait Alain un jour : « en vie – envie. » Alain avait dit qu'il voulait que dans son histoire le nuage reste en vie. Il avait *envie* d'écrire une rédaction. Et il a sauvé le nuage pour qu'il reste en vie…

---

* spatial(e) : *dans l'espace ; ici, une crèche spatiale, c'est-à-dire une garderie d'enfants qui se trouve dans l'espace (eng Kosmosspillschoul)*

* un texto : *un SMS, un court message écrit et transmis par un portable (en SMS)*

Et si cette fille est comme un nuage qu'il faut sauver ? a pensé Marie-Rose. Et elle s'est souvenue de la phrase que Madame Salmi n'avait pas terminée : « J'aimais raconter des histoires jusqu'au jour où… »

Elle aimait raconter des histoires à sa *fille*, a pensé Marie-Rose. Madame Salmi n'a pas osé me dire la vérité. Et un jour, elle s'est arrêtée de lui raconter des histoires parce qu'il s'est passé quelque chose. Mais quoi ?

Pour avoir des réponses à mes questions, s'est dit Marie-Rose, je vais lire *mes* histoires à Madame Salmi, jusqu'au jour où la mère me dira la vérité… jusqu'au jour où la fille donnera un signe de vie…

Quelques instants après, Rose lui a de nouveau parlé :

– Ne retourne plus chez Madame Salmi, a-t-elle dit.

– Mais pourquoi ? a demandé Marie.

– Je crains que tu ne m'abandonnes un jour.

– Pourquoi ?

– Si tu fais la connaissance de cette fille, a répondu Rose d'une voix triste, tu n'auras peut-être plus besoin de moi.

– Ma décision est prise, a dit Marie. Je retournerai chez Madame Salmi. Il y a trop de suspense*. Je suis trop curieuse.

Le soir, Marie-Rose a lu le deuxième carnet de Mamie. Il n'y avait ni histoires, ni contes, ni récits, mais des réflexions et des pensées plus personnelles. C'était plutôt un journal intime. Régulièrement, la jeune Florence s'est confiée à son cahier qu'elle appelait : « Mon cher ami ». Le journal intime avait environ 150 pages. Elle y racontait qu'elle était tombée amoureuse d'un jeune homme qui travaillait à l'usine et, qui pendant son temps libre, était projectionniste* au cinéma « Étoile ». C'est là qu'elle avait vu son premier film.

Marie-Rose a dû rigoler en lisant ce que Florence avait noté : « *Mon cher ami, j'espère que tu ne seras pas jaloux. Aujourd'hui, j'ai fait la connaissance de Thierry.* »

Marie-Rose était fascinée* par la sincérité* de Florence.

---

* le suspense : *moment qui fait naître de l'attente mêlée d'angoisse (d'Spannung)*

* le projectionniste : *le technicien qui, dans un cinéma, s'occupe de montrer des films (een, deen am Kino d'Filmer weist/projezéiert)*

* fasciner : *attirer (begeeschtert sinn)*

* la sincérité : *la qualité d'une personne qui dit toujours la vérité (d'Éierlechkeet)*

Sur plusieurs pages, elle exprimait son bonheur mais surtout sa colère contre son père qui ne voulait pas que sa fille voie « ce type ». Il lui a dit qu'il était trop âgé. Thierry avait dix-sept ans. Florence en avait quinze. Elle a décrit ses sentiments quand Thierry lui a donné le premier baiser sur la bouche. C'était un baiser très doux que Thierry lui avait donné en cachette.

Leur bonheur n'a pas duré longtemps. En juillet 1944, Thierry a été enrôlé de force* dans la *Wehrmacht*, l'armée allemande. Leurs adieux étaient très tristes. Florence a prié son journal pour que Thierry revienne sain et sauf de la guerre. Thierry lui a écrit des lettres très touchantes. Mais un jour, il n'y a plus eu de lettre. Chaque jour, Florence attendait avec impatience un signe de vie de son amoureux. Mais malheureusement Thierry était mort au front*. C'est la mère de Thierry qui est venue annoncer la terrible nouvelle à Florence. Le cœur de Florence était brisé et elle a pleuré pendant des semaines.

---

* un enrôlé de force : *quelqu'un qu'on a forcé de devenir soldat dans une armée (en zwangsrekrutéierten Zaldot, deen an d'Arméi gezwonge gouf)*

* le front : *dans une bataille, c'est la ligne des soldats face à l'ennemi (um Schluechtfeld, un der Front)*

Je sais, Thierry, que tu es devenu une étoile, a-t-elle écrit. Tu resteras toujours une étoile. Les étoiles sont éternelles. Je me souviendrai de toi comme d'un beau film qui m'a rendue très heureuse. Le ciel restera le projectionniste de nos bonheurs.*

Marie-Rose a pensé à une autre étoile. À celle de Georges, de son grand-père, du mari que Mamie aimait le plus au monde. C'était l'homme avec qui elle avait passé cinquante ans de vie commune. Un demi-siècle ! Dans le ciel, l'étoile de Georges, a pensé Marie-Rose, brille encore plus que celle de Thierry.

Le lendemain, à l'école, Madame Calon a remis à Marie-Rose les dernières histoires qu'elle avait écrites. L'institutrice était tellement surprise de l'originalité des histoires qu'elle a proposé à son élève de les lire devant la classe. Au début, Marie-Rose a refusé*. Les élèves se moqueront de moi, a-t-elle pensé. Mais elle a accepté après en avoir discuté avec Alain. Celui-ci l'a encouragée*

---

* éternel(le) : *qui dure toujours (éiweg)*

* refuser : *ne pas vouloir faire quelque chose (ofleenen, refuséieren)*

* encourager : *donner du courage (encouragéieren, engem Courage maachen)*

à accepter. Les élèves étaient très attentifs pendant la lecture. Ils étaient même tous fascinés. Sauf Alain, car lui, il était déçu : il s'était attendu à une histoire sur une sorcière.

Bien sûr, le succès de Marie-Rose ne s'est pas fait attendre. Une autre institutrice a invité la jeune élève dans sa classe – première année du 4e cycle – pour faire la lecture à ses propres élèves. Marie-Rose était un peu gênée de son succès, mais elle a accepté cette proposition. J'apprendrai à faire la lecture devant un public nombreux, s'est-elle dit. Ce sera utile quand je serai une vraie auteure. Marie-Rose a lu à ces élèves quelques-unes de ses histoires. Une élève, Chantal, a même raconté à ses parents qu'il y avait dans son école une élève-auteure. Et la mère de Chantal, qui depuis quelques jours n'avait plus de voix à cause d'une toux, a invité Marie-Rose à faire la lecture à sa fille âgée de six ans pendant deux ou trois soirées.

Marie-Rose, encore plus fière, a également accepté cette proposition-là. En plus, elle avait enfin trouvé un prétexte* pour se rendre aussi chez Madame Salmi. Elle a dit à ses parents qu'il y avait des mamans qui l'avaient

---

* le prétexte : *une excuse pour cacher la vraie raison (de Virwand)*

invitée pour lire des histoires à leurs enfants. Bien sûr, a-t-elle pensé, je ne leur ai pas dit toute la vérité. Je ne leur ai pas dit que la fille de Madame Salmi n'était pas à la maison. Je ferai donc la lecture à sa mère et en même temps je m'imaginerai que sa fille est là... et qu'elle m'écoute aussi...

Enfin, mardi ! Jour du rendez-vous qu'elle avait pris avec Madame Salmi. Sans perdre trop de temps, Marie-Rose s'est assise sur le canapé à côté de son auditrice* calée confortablement contre un coussin bleu. Elle s'est attendue à ce que la mère dise quelque chose au sujet de sa fille, qu'elle lui dise au moins son prénom. Pourquoi ne veut-elle pas parler d'elle ? s'est demandé Marie-Rose.

Marie-Rose lui a fait la lecture de son histoire préférée, celle du nuage qui avait fait une fugue dans l'univers. Pendant que Madame Salmi écoutait attentivement, elle observait Marie-Rose. Elle examinait attentivement ses mains, elle regardait ses lèvres bouger. Marie-Rose sentait le regard fixé sur elle. Une fois, Madame Salmi a même fait un geste de la main comme si elle voulait

---

* l'auditeur/l'auditrice : *celui/celle qui écoute (den Nolauschterer, d'Nolauschterin)*

caresser les cheveux de Marie-Rose. Au dernier moment, Madame Salmi a retiré sa main et elle a poussé un long soupir.

C'était très bizarre. Quand Marie-Rose lisait de sa plus belle voix, elle ne pouvait pas chasser la fille de son esprit. En lisant, les yeux fixés sur les textes, elle pensait à elle. Elle pensait au portrait de la fille dans le cadre photo en bois. Elle sentait, indirectement, la présence de la fille. Elle savait qu'elle était vivante. Elle savait qu'elle n'était pas devenue une étoile comme Thierry et Georges.

À la fin de la séance de lecture, Madame Salmi a demandé :

– Est-ce toi qui as déplacé le cadre photo ?

– Non, a menti Marie-Rose et elle a senti une légère chaleur sur ses joues. Pourquoi ?

– Non… rien… C'était juste pour savoir… Tu vois… là sur la petite table… – elle a désigné du doigt une petite surface* sans poussière – à cause de la surface propre, on voit que le cadre photo a été déplacé…. Ah ! Il faut que je me mette à nettoyer, s'est-elle exclamée. Tout est si sale. Tout est si poussiéreux.

---

* la surface, ici : *une petite partie (d'Fläch)*

Elle s'est levée comme si elle avait envie de commencer à enlever la poussière et à faire le ménage.

– Merci, Marie-Rose. À la prochaine.

– Au revoir, Madame Salmi.

Marie-Rose était contente d'être à l'air libre. Elle avait du mal à respirer, tellement elle était en colère. Elle avait envie de hurler sa colère contre cette femme qui parlait de poussière *sous* le cadre photo au lieu de sa fille sur la photo *dans* le cadre. C'est peut-être un bon détective, a pensé Marie-Rose, mais ce n'est pas une bonne mère.

Elle s'est posé la question suivante à voix haute :

– Pourquoi n'a-t-elle rien dit au sujet de la personne qui est sur la photo ?

Marie-Rose n'a pas osé demander conseil ni à ses parents ni à Mamie. Peut-être Alain pourra-t-il se renseigner si Madame Salmi a une fille ou non, a-t-elle pensé.

À ce moment-là, Rose a pris la parole :

– Cette fille n'existe pas, Marie. Elle n'existe que dans ta tête.

– Non, a dit Marie. Je suis convaincue qu'un jour, Madame Salmi me dira la vérité au sujet de sa fille.

J'attendrai ce jour-là. La mère a sûrement besoin de temps. Et moi j'ai de la patience. J'ai l'impression que Madame Salmi n'est pas encore prête à parler de sa fille. Il y a quelque chose qui l'empêche* de parler d'elle.

– Mais quoi ? a demandé Rose.

– C'est ce que je découvrirai* bientôt.

Les parents de Marie-Rose étaient très fiers d'apprendre les dernières expériences de leur fille comme liseuse chez les différentes mamans. Mais ils ont aussi remarqué que leur fille avait du chagrin et qu'il y avait quelque chose qui la rendait malheureuse. Même Mamie a remarqué que Marie-Rose avait l'air soucieux et rêveur, mais sa petite-fille* ne lui a pas dit ce qui la préoccupait vraiment.

Marie-Rose est de nouveau retournée chez Madame Salmi. J'espère que cette fois-ci je ne partirai pas déçue, a-t-elle pensé. J'apprendrai sûrement la suite de l'histoire dans laquelle je me suis aventurée.

---

* empêcher : *faire en sorte que quelque chose n'arrive pas (verhënneren)*

* découvrir : *trouver, apprendre (entdecken)*

* la petite-fille : *d'Niesse*

Madame Salmi lui a ouvert la porte. La mère et Marie-Rose se sont dit bonjour et sont entrées dans le salon.

– Marie-Rose ! Assieds-toi, s'il te plaît.

Marie-Rose s'est assise dans le canapé. Elle était très nerveuse.

Après un certain moment d'hésitation, Madame Salmi s'est assise à côté d'elle et, à la grande surprise de Marie-Rose, elle a pris le cadre en bois et lui a montré la photo.

– Écoute, Marie-Rose, a dit Madame Salmi, je sais que c'est toi qui as déplacé la photo. Et je sais aussi que tu aimerais bien savoir qui est la fille sur la photo.

– C'est votre fille, a répondu Marie-Rose.

– Oui, c'est ma fille. Elle s'appelle Louise. Depuis que j'ai fait ta connaissance, j'ai voulu te parler d'elle. Mais je n'en avais pas le courage.

– Mais pourquoi ? a demandé Marie-Rose. Pourquoi une maman a-t-elle honte* de parler de sa propre fille ?

– Je l'ai abandonnée*, a répondu Madame Salmi.

Marie-Rose n'en croyait pas ses oreilles.

– Vous l'avez abandonnée ?

---

* avoir honte : *se sentir gêné (sech schummen)*

* abandonner quelqu'un : *quitter quelqu'un, ne plus s'occuper de lui (verloossen)*

– C’est une longue histoire, a répondu Madame Salmi.

– J’aime les longues histoires.

– Très bien ! Ce n’est pas moi qui écouterai une de tes histoires. Mais cette fois on va changer les rôles. C’est toi qui écouteras. Et l’histoire que je vais te raconter n’est pas une histoire inventée. C’est une histoire vraie. Je serai très sincère.

Marie-Rose s’est mise dans une position confortable et elle a écouté le récit de la mère.

– À l’âge de vingt ans, j’ai fait la connaissance de Luc. C’était le grand amour. Nous nous sommes mariés. Quelques mois après la naissance de Louise, Luc a rencontré une autre femme et il m’a quittée. Pour toujours. Il n’a plus donné de signe de vie. Pour moi a commencé une période très difficile. J’ai dû m’occuper seule de l’éducation de Louise. Le temps a passé. Louise a grandi et je n’avais plus la force de m’occuper d’elle. J’étais de plus en plus désespérée. Louise en a souffert. Je lui ai donné la faute pour tout. Quand j’étais fatiguée, c’était sa faute. Quand j’étais triste, c’était sa faute. J’ai commencé à la frapper. Parfois sans raison. Quand elle avait neuf ans, je n’avais plus envie de m’occuper d’elle, de lui faire à manger, de lui acheter des vêtements, de lui raconter des histoires. J'aimais lui raconter des histoires jusqu'au jour où je n'en pouvais plus*. J'étais trop stressée, trop fatiguée. Je n'avais plus envie de rien. À l'école, son instituteur avait remarqué que Louise n'allait pas très bien. Elle avait maigri et parfois, on voyait ses bleus*. Une assistante sociale, qui a été informée, a décidé de mettre Louise dans un foyer pour enfants maltraités.

Marie-Rose, trop bouleversée*, a osé interrompre la mère.

– Et depuis vous n'avez plus eu de contact ? a-t-elle demandé. Vous ne lui avez pas téléphoné ?

– Si, je lui ai téléphoné. Mais je ne savais pas quoi lui dire. Quand j'ai entendu sa voix, j'ai tout de suite raccroché. Je me suis fait des reproches. Tout de suite après, j'ai regretté d'avoir été une mauvaise mère. Je me suis rendu compte que j'avais abandonné ma fille. Pour

---

* n'en pouvoir plus : *être à bout de forces, se sentir très fatigué (um Enn si vu Middegkeet)*

* un bleu : *se dit quand la peau se teint en bleu après un coup ou une blessure (eng blo Plaz)*

* bouleverser : *causer un grand trouble, une forte émotion (erféieren, op d'Kopp geheien)*

moi a commencé une période difficile. Je suis allée voir un spécialiste pour qu'il m'aide à retrouver l'amour pour ma fille. Mais ces visites n'ont servi à rien. Je savais que j'aimais ma fille du fond de mon cœur. Mais cet amour avait disparu. J'ai essayé de retrouver l'amour que j'avais pour elle. Je me suis dit, Louise a besoin de toi, elle est ta fille, il faut que tu lui donnes tout l'amour dont elle a besoin pour grandir. Mais je n'étais pas encore prête à lui offrir une vie heureuse, chez moi, avec moi… jusqu'au jour où je t'ai rencontrée. Quand je t'ai vue déposer le livre derrière le mur, tu m'as fait penser à elle. Quand tu es venue chez moi pour la première fois, je n'ai pensé qu'à elle. Je me suis demandé pourquoi j'étais en train d'écouter une fille inconnue et non pas ma propre fille. Peu à peu, je voulais que Louise revienne. Je me suis dit, si j'arrive à être heureuse en présence d'une fille inconnue, je pourrais redevenir heureuse avec Louise. J'ai commencé à lui écrire des lettres. Cela m'a soulagée un peu. Je lui ai parlé de toi, de tes visites. Mais ces lettres, je ne les lui ai jamais envoyées. Chaque fois, après ton départ, j'ai pleuré. La nuit, j'ai rêvé de Louise. J'ai voulu qu'elle soit proche de moi. J'avais envie de la sentir, de la caresser…

En entendant cela, Marie-Rose avait la gorge serrée*. Après une petite pause, elle a demandé :

– Mais pourquoi n'êtes-vous pas allée lui rendre visite ? Pourquoi n'avez-vous pas demandé qu'elle revienne vivre avec vous ?

– Au début, je n'avais pas encore le courage de faire le premier pas, a continué Madame Salmi. Mais le désir d'avoir ma fille à mes côtés est devenu de plus en plus grand. Quand toi, tu es entrée dans la maison, je me suis imaginé Louise entrer dans la maison. Quand tu m'as fait la lecture de tes histoires, je me suis imaginé Louise à côté de moi. Mon envie d'avoir Louise auprès de moi est devenue de plus en plus grande. Je me suis reproché de ne pas l'avoir assez aimée. J'ai senti une telle tristesse et en même temps un grand désir d'amour. J'ai tellement regretté qu'elle n'habite plus chez moi…

– Qu'allez-vous faire maintenant ? a demandé Marie-Rose.

– Tu le sais très bien, a répondu Madame Salmi. Il ne me reste qu'une seule chose à faire, c'est d'aller chercher ma

---

* avoir la gorge serrée : *être triste, avoir du mal à parler (e Fräsch am Hals hu vun Angscht, vun Trauer)*

fille… de lui expliquer tout… Il faut qu'elle revienne vivre chez moi. Elle me manque tellement, tu ne peux pas te l'imaginer.

– Mais si, a précisé Marie-Rose. Je m'imagine que vous allez retrouver la joie, l'amour… le bonheur.

– Te rappelles-tu ce que je t'ai dit un jour ? a demandé Madame Salmi. « Si tu t'en vas, l'histoire est terminée et si tu restes, elle continue. »… Moi je suis tellement contente que tu sois restée. Sans toi, je n'aurais pas pu imaginer la suite. Merci mille fois !

Madame Salmi a regardé Marie-Rose avec tendresse*, un large sourire aux lèvres. Marie-Rose avait l'impression que la mère était soulagée. Soulagée d'avoir été si sincère et contente d'avoir enfin ouvert son cœur. Madame Salmi s'est levée et a dit au revoir à Marie-Rose. Sur le pas de la porte, elle s'est penchée vers elle et lui a fait un bisou sur la joue.

– Au revoir, Marie-Rose.

– Au revoir, Madame Salmi. Et à bientôt.

Marie-Rose s'est retournée après quelques mètres et a fait un signe de la main. En rentrant à pied, Marie-Rose a

---

* la tendresse : *le sentiment d'affection si l'on aime quelqu'un (d'Zäertlechkeet)*

repensé à tout ce qui s'était passé les derniers temps. Elle avait l'impression d'avoir appris beaucoup à partir du jour où elle avait caché le livre. Elle se sentait plus forte. En même temps, elle était contente du rôle qu'elle avait joué dans cette histoire. La suite de l'histoire, s'est-elle dit, je l'apprendrai dans quelques jours. Je suis sûre que Madame Salmi retrouvera l'amour pour sa fille et reprendra goût à la vie. Je suis sûre qu'elle sera de nouveau une bonne maman. Elle n'abandonnera plus jamais sa fille. En tout cas, je le souhaite. Bientôt je rendrai visite à Louise et à sa mère et je leur lirai mes nouvelles histoires.

Marie-Rose attendait avec impatience le jour où elle allait faire la connaissance de Louise.

Comme souvent, elle a entendu une voix intérieure. C'était celle de Rose avec qui Marie partageait toutes ses joies et toutes ses peines.

– Que vas-tu faire maintenant ? a demandé Rose.

– J'attends, a répondu Marie.

– J'ai peur, a dit Rose d'une voix triste.

Rose avait très peur du jour où Marie allait rencontrer Louise pour la première fois. Si Marie et Louise deviennent amies, a pensé Rose, Marie n'aura peut-être plus de temps pour moi. Un jour, peut-être, Marie n'aura plus besoin de mes conseils. Elle n'aura plus du tout besoin de moi.

Pour se consoler, Marie-Rose s'est dit : l'avenir nous le dira…

Vous souvenez-vous encore d'Alain et de son histoire du petit nuage qui se transforme en chien ? Vous rappelez-vous aussi que pendant toute une année, Alain s'est imaginé une vie en compagnie d'un chien ? Et bien voilà ! Il y a deux jours, ses parents lui ont offert un chien. Un chien réel ! Un vrai chien !

Quand Marie-Rose lui a demandé comment il avait fait pour avoir un chien, il a répondu :

– Il faut donner une chance à son imagination.

L'AUTEUR

Jhemp Hoscheit

Né en 1951 à Esch-sur-Alzette où il vit. Il écrit des textes satiriques, des pièces de théâtre, des romans, des histoires et des poèmes pour enfants, en luxembourgeois. Depuis 1983, il a publié en tout vingt-deux livres, dont quatre romans (*Perl oder Pica, Aacht Deeg an der Woch, Mondelia, Klangfaarwen*) et neuf livres pour enfants (entre autres) *Wann d'Déieren Detektiv spillen, Zodi am Schatofor, Wat wibbelt do am Schaf, Monsteren am Gaart, Den Eppes*). En 1999, son premier roman – *Perl oder Pica* (Éditions Schortgen) – a eu le prix Servais pour le meilleur livre publié au Luxembourg. En 2005, Pol Cruchten en a fait un film qui a connu un franc succès dans les cinémas au Luxembourg (Prix du public lors du 3e Lëtzebuerger Filmpräis en 2007). Jhemp Hoscheit a reçu de nombreux prix littéraires pour ses publications.

L'Imagination est son premier livre pour adolescents écrit en français.

ISBN 978-2-87954-293-5

Première édition 2015

Rédaction : Thomas Schoos
Relecture : Nelly Pairon
Conception graphique et layout : Steffi Willkomm
Illustrations : Julian Renault
Photo de l'auteur : Paolo Leoni © CNL
Impression : GGP Media GmbH, Pößneck (Allemagne)

www.editionsguybinsfeld.lu

avec la coopération de la
Fédération Générale
des Instituteurs Luxembourgeois

FGIL

avec le soutien du
Fonds Culturel National

FONDS
CULTUREL
NATIONAL

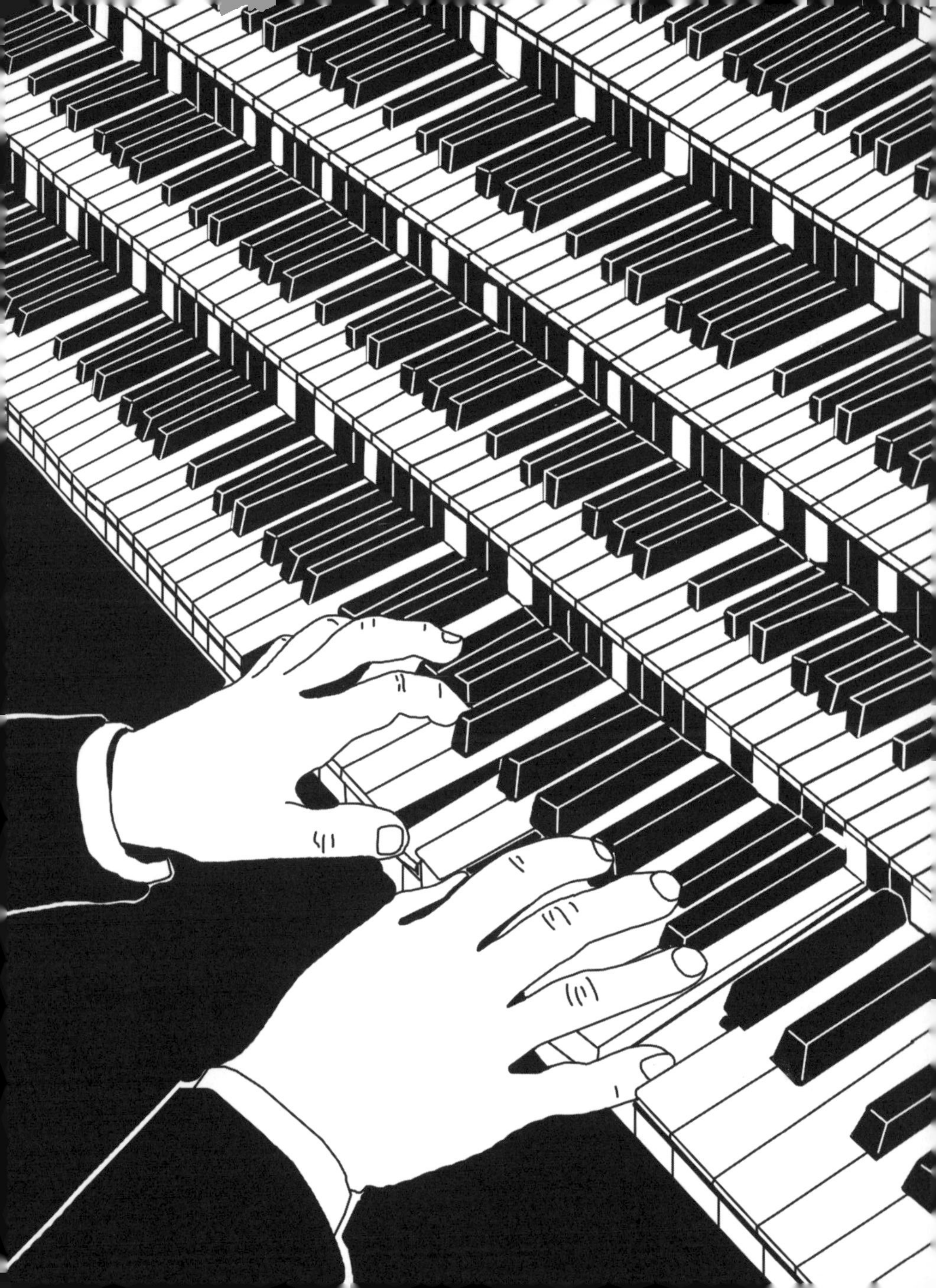